Liebe Leserinnen, liebe Leser!

Drei Länder und nur eine Destination, „die Regio", das Gebiet rund um Freiburg, Basel und Colmar. Kaum irgendwo sonst in Europa haben Staatsgrenzen eine so geringe Bedeutung. Ohne Einschränkungen kann man zwischen Deutschland, Frankreich und der Schweiz hin und her pendeln, kann die kulturelle, sprachliche und kulinarische Vielfalt genießen.

Highlights im Dreiländereck

Es ist eine Region wie geschaffen zum Urlauben. Nicht zuletzt wegen des angenehmen Klimas. Der Oberrheingraben ist eine der wärmsten mitteleuropäischen Landschaften, und in Freiburg scheint die Sonne mehr als 1800 Stunden im Jahr. Für ein Übriges sorgt die abwechslungsreiche Landschaft. Von der vom Wein- und Obstanbau geprägten Oberrheinischen Tiefebene ist es nur ein Katzensprung bis zu den Höhen des Schwarzwalds.

In Sachen Kunst und Kultur wetteifern Freiburg, Basel und Colmar miteinander. Was aber die moderne Architektur angeht, hat Basel die Nase vorn. Hier bzw. im nahen Umland baute in den letzten Jahren die internationale Architektenelite. Es sind faszinierende Baukonstruktionen entstanden, die teilweise bedeutende Museumssammlungen beherbergen. Was Sie sich unbedingt anschauen müssen, stellen wir Ihnen im DuMont Thema auf Seite 110f. vor.

Eine Region für Genießer

Bei so viel Natur und Kunst darf der Genuss nicht zu kurz kommen. Cornelia Tomaschko verrät uns ihre Lieblingsrestaurants. Und was das Schöne ist, mitunter kann man eine Wanderung oder andere Aktivität gleich mit lukullischen Genüssen verbinden. So laden wir Sie vom Freiburger Schlossberg aus zum kulinarischen Gipfelsturm ein (S. 41), und im Elsass steht die Weinprobe unter dem Motto „wandern, lernen, kosten" (S. 87).

Herzlich

Ihre

Birgit Borowski

Birgit Borowski
Programmleiterin DuMont Bildatlas

»Ohne Einschränkungen kann man die kulturelle, sprachliche und kulinarische Vielfalt genießen.«

*Der Fotograf **Ralf Freyer** ist in Freiburg zu Hause. So lag ihm die Fotografie dieses DuMont Bildatlas besonders am Herzen.*

***Cornelia Tomaschko**, Journalistin in Ettlingen, kennt Freiburg und die Regio seit ihrem Studium. Heute ist sie allein oder mit der Familie häufig dort unterwegs.*

Topziele

Die bedeutendsten Sehenswürdigkeiten der Region und Erlebnisse, die Sie auf keinen Fall versäumen sollten, haben wir auf dieser Seite für Sie zusammengestellt. Auf den Infoseiten ist der jeweilige Höhepunkt als TOPZIEL *gekennzeichnet.*

KULTUR

1 Schönster Turm der Christenheit: Besuch im Freiburger Münster. **Seite 39**

2 Majestätischer Anblick: Imposant ragt das Breisacher Münster über der Stadt an der Grenze zu Frankreich empor. **Seite 53**

3 Überirdischer Farbenrausch: Weltberühmt: Mit dem Isenheimer Altar schuf Matthias Grünewald ein Meisterwerk. Zu sehen im Museum Unterlinden in Colmar. **Seite 70**

4 Gewagte Formen: Innen wie außen zeigt das Vitra Design Museum, was Designer und Architekten können. **Seite 113**

5 Kunst!: Ziel der Kunstfreunde aus dem In- und Ausland: Fondation Beyeler bei Basel. **Seite 114**

AKTIV

6 Naturerlebnis der Extraklasse: Der Kaiserstuhl steht für Wein und Wandern. **Seite 53**

7 Freiburgs schönste Aussicht: Auf dem Schauinsland muss man einfach gewesen sein. **Seite 54**

ERLEBEN

8 Ein Leben am Fluss: Colmars Schokoladenseite: Klein-Venedig, das Viertel an der Lauch. **Seite 70**

9 Bei Winzern zu Gast: Anlässlich der farbenfrohen Weinfeste holen Elsässer Winzer ihre besten Tropfen aus dem Keller. **Seite 86**

10 Reise in die Vergangenheit: Wie unsere Vorfahren lebten und arbeiteten, zeigt das Ecomusée d'Alsace in Ungersheim. **Seite 87**

11 Stadt im Ausnahmezustand: 72 Stunden lang feiern die Basler ihre Fasnacht – ausgelassen und melancholisch zugleich. **Seite 103**

Im Zeichen der Sonne

Als eines der schönsten Dörfer Frankreichs gilt
Riquewihr, das mit einem nahezu unversehrten
Stadtbild aus dem 16. Jahrhundert viele Besucher
anzieht. Auch die Lage bezaubert, befindet sich
der Ort doch direkt an der elsässischen Weinstraße am Fuß der Vogesen. Fruchtbare Böden,
Sonne und ein sehr mildes Klima erlauben hier
und auch im Rheintal den Anbau großer Weine.
Im Sommer flirrt das Land im Sonnenglanz, und
geruhsam verstreichen die Tage ...

Tempel der Künste

Kunstliebhaber nehmen weite Wege auf sich,
um die neuesten Ausstellungen in der Fondation
Beyeler zu besuchen. Das Museum in Basel-
Riehen gehört zum Besten, was das Dreiländereck in dieser Hinsicht zu bieten hat. Auch das
Ausstellungsgebäude selbst ist Kunst, wurde es
doch von Stararchitekt Renzo Piano entworfen.

Einfach genießen ...

Wie viele Gasthäuser, Straußenwirtschaften und Gourmetrestaurants hier zu finden sind, kann keiner sagen. Die Lebensart erschließt sich aber nur dem, der sich die einzigartige Mischung aus badischer, elsässischer und schweizerischer Küche auf der Zunge zergehen lässt (Foto: Freiburger Konviktstraße).

Hotspot des 21. Jahrhunderts

Gemächlich nimmt der Rhein in Basel den Weg nach Norden auf (Foto: Blick vom Münsterturm), doch das Leben nimmt einen beschleunigten Gang: Pharmaunternehmen und Chemiekonzerne von Weltruf, milliardenschwere Banken und Industrieunternehmen geben den Takt vor, Life-Sciences-Forscher gestalten die Zukunft, Arbeitskräfte pendeln zu Tausenden über die Grenzen.

Der Berg ruft

Freiburgs Hausberg ist der 1284 Meter hohe
Schauinsland. Er zählt bereits zum Schwarzwald
und macht seinem Namen mit grandiosen Aus-
blicken alle Ehre. Sobald die ersten Flocken fal-
len, eröffnet sich Wintersportlern hier ein weites
Feld. Im Sommer hingegen strömen Radfahrer,
Wanderer und Nordic Walker gipfelwärts, auch
Skater und Motorradfahrer ruft der Berg.

Ein Augenblick der Schönheit

Herausgeputzte Fachwerkhäuser gehören zu den
Markenzeichen der Städte und Dörfer im Elsass.
Die Idylle erreicht ihren Höhepunkt in Colmars
Stadtviertel Klein-Venedig. Zu jeder Jahreszeit
schlendern Gäste aus aller Welt durch die schmalen Gassen, lassen sich von deren Charme beein-
drucken, staunen, fotografieren, genießen.

Straußwirtschaften

Urige Gastwirtschaften auf Zeit

Nicht mehr als 120 Tage pro Jahr darf eine Straußwirtschaft öffnen. Aber in dieser Zeit laufen die Winzerfamilien zu Höchstform auf. Zu ihrem Wein servieren sie Spezialitäten wie Schäufele mit Kartoffelsalat, Bibiliskäs oder Flammkuchen. Zum Glück hat fast das ganze Jahr über irgendwo eine Strauße offen.

① Schlatthof-Strauße in Freiburg

Schnitzel sind die Spezialität des Hauses. Mit Brot, mit Salat oder mit Pommes. Auch in kleiner Portion, was vielen schon vollkommen reicht. Aber auch die Käsevariationen sind nicht zu verachten. Im Herbst sollte es ein Stück Zwiebelkuchen zum neuen Wein sein. Bei den vergorenen Weinen dominieren Burgundertrauben. Oder man nimmt gleich ein Glas Gutedel vom Fass.

Schlatthof Strauße, Schlatthöfe 3, 79111 Freiburg, Tel. 0761/4 18 47, www.schlatthof-strausse.de

② Griestal-Strauße bei Freiburg

Mitten im Tuniberg die Picknickdecke ausbreiten und sich einen Wurstsalat oder Griestaler (Kartoffelscheiben in Knoblauchcreme) servieren lassen, das geht in der Opfinger Griestal-Strauße. Natürlich kann man auch an Tischen sitzen oder an Weinfässern stehen, um die Weine und Säfte des Hauses zu genießen. Im Frühjahr ist der Spargel aus eigenem Anbau einen Tipp wert.

Griestal-Strauße, Griestal 2, 79112 Freiburg, Tel. 07664/40 06 75, www.griestal-strausse.de

③ Löwen-Strauße in Bötzingen

Es muss nicht immer Schäufele sein, sagen sich die Schaffners in Bötzingen. In ihrer Löwen-Strauße stehen neben den Bio-Weinen auch vegetarische, vegane und glutenfreie Gerichte auf der Karte, aber natürlich auch Speckvesper und Griebenschmalzbrot. Die Brägele, sprich Bratkartoffeln, sind hausgemacht, in wenig Fett gebacken und einfach ein Gedicht.

Weingut Schaffner, Hauptstraße 82, 79268 Bötzingen, Tel. 07663/44 17, www.loewenstrausse.de

④ Schneiders Straußi in Heitersheim

Eine der ersten Straußwirtschaften im Markgräflerland ist die Straußi vom Weingut Schneider-Pefferle in den Weinbergen von Heitersheim. Das Brot backt die Seniorchefin höchstpersönlich im Holzofen. Dazu sollte man den badischen Antipastiteller mit luftgetrocknetem Schinken und Salamispezialitäten nehmen, denn die stammen von der renommierten Metzgerei Dirr in Endingen. Die Weine sind Ecovin-zertifiziert.

Weingut Schneider-Pefferle, Kolpingstraße 7, 79423 Heitersheim, Tel. 07634/28 36, www.weingut-schneider-pfefferle.de

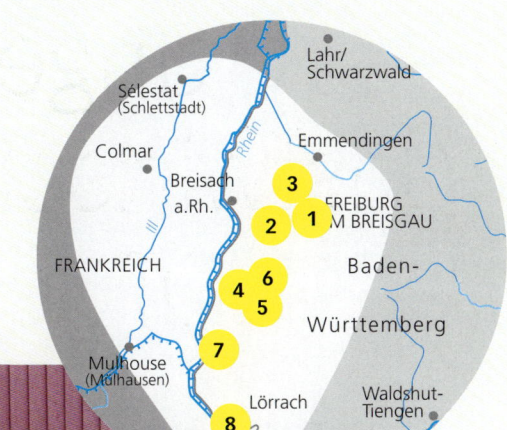

5 Ziegelhofstraußi bei Staufen

Für Wanderer ideal liegt die Ziegelhofstraußi direkt am Wiiwegli zwischen Staufen und Ballrechten-Dottingen. Hier gibt es roten Gutedel, der nur auf 50 Hektar Fläche im Markgräflerland angebaut wird. Die Löfflers selbst bewirtschaften 14 Hektar an den sonnenverwöhnten Hängen des Castellbergs und des Fohrenbergs. Neben Gutedeltrauben gedeihen dort auch Burgunder, Müller-Thurgau, Gewürztraminer und Regent.

Ziegelhofstraußi,
Ziegelhofstraße 28 A,
79282 Ballrechten,
Tel. 07634/83 94,
www.zum-ziegelhof.de

6 Wiesler Gutsschänke in Staufen

In ihrer urigen Scheuer mit Natursteinwand oder im Hof bewirtet die Winzerfamilie Wiesler im Frühjahr und Herbst ihre Gäste. Das Weingut liegt am Fuße des Staufener Schlossbergs, auf dem wiederum die Rebstöcke auf Kalk-Verwitterungsböden stehen. Was aus dieser besonderen Lage bei Wiesler in die Flasche kommt, hat schon oft Preise eingeheimst. Das Essen dazu ist traditionell badisch gut.

Wiesler Gutsschänke, Krozinger Straße 26, 79219 Staufen, Tel. 07633/69 05, www.weingut-wiesler.com

7 Berners Straußi in Mauchen

Im Herbst zieht es manche Stammkunden zu Berners Straußi in die Mauchener Weinberge, weil es dann wieder roten und weißen Sauser gibt. Das ist der neue Wein, der gerade gekeltert wurde. Aber natürlich werden dann auch noch durchgegorene und gereifte Tropfen ausgeschenkt zu Schäufele, Burevesper, französischem Munsterkäse oder Flammkuchen, den es in der Straußi mit dem schönen Ausblick auch fleischlos gibt.

Berners Straußi, Bernerhof 1, 79418 Mauchen, Tel. 07635/14 40, www.weingut-berner.de

8 Lindemer Straußi in Lörrach

Das Haus aus dem Jahre 1592 ist eines der ältesten Häuser in Lörrach, das älteste im Stadtteil Tüllingen. Zur Straußi geht es in den gemütlichen Wein- und Kartoffelkeller. Bei schönem Wetter in die Weinlaube mit Blick auf den angrenzenden, romantischen Bauerngarten. Hausgemachte Spezialitäten locken, so nah an der Schweizer Grenze, manchen Eidgenossen ins Badische. Wer die Öffnungszeiten im Herbst verpasst hat, kann am dritten und vierten Adventswochenende auf einen roten oder weißen Glühwein vorbeischauen.

Lindemer Straußi,
Dorfstraße 21,
79539 Lörrach-Tüllingen,
Tel. 07621/4 25 77 77,
www.lindemer-tuellingen.de

Gässle, Bächle, Lebensfreude

Freiburg ist zwar die südlichste Großstadt Deutschlands, doch wer schicke Einkaufsstraßen mit großen Designernamen sucht, ist fehl am Platz. Das soll nicht heißen, dass man hier nicht gut einkaufen könnte, aber eben eher das Besondere, das Ausgefallene, das es nicht überall gibt. Überhaupt überrascht die Stadt mit eigenem Flair, einer Mischung aus Historie und modernster Technologie.

Freiburg ist mit einem sehr milden Klima gesegnet. Das lockt die Magnolien im Stadtgarten besonders zeitig hervor.

Das Freiburger Münster von einem der roten Erker des Historischen Kaufhauses aus gesehen:
Himmelstürmend erscheint der 116 m hohe Westturm, der „schönste Turm der Christenheit".

Hahnentürme und Querschiff sind
in romanischem Stil erbaut.

Blick ins Langhaus auf den lichtdurchfluteten Chor. Die vielen mittelalterlichen
Glasfenster in den Seitenschiffen haben größtenteils die Freiburger Zünfte gestiftet.

Die Räderuhr am Westturm erschuf der Straßburger Uhrmacher
Jean-Baptiste Schwilgué im Jahr 1851.

Mehr als 1800 Stunden pro Jahr scheint die Sonne in Freiburg – und die Freiburger wollen auf keine einzige verzichten. Auf einem der vielen schönen Plätze, am Ufer der Dreisam, im Straßencafé oder auf einem kleinen Balkon mitten in der Altstadt versuchen sie, die Sonnenstunden einzufangen. Das ist im Hochsommer so, aber auch bereits im März und nicht selten noch Anfang November. Das milde Freiburger Klima macht die Menschen gelassen, das Leben angenehm, und die vielen Sonnenstunden haben der südlichsten Großstadt Deutschlands den Titel „Solar-Hauptstadt" eingebracht.

Ein herrlicher Blick

Münster, Studenten, Bächle, Gässle – das waren lange Zeit prägende Begriffe für Freiburg. Das Münster, zwischen 1200 und 1513 erbaut, ist zweifelsohne das bekannteste Bauwerk Freiburgs, wenn auch Architektenscharen zwischenzeitlich zuerst ins Quartier Vauban oder zu den Plusenergiehäusern von Rolf Disch ziehen, bevor sie den „schönsten Turm der Christenheit" besteigen, wie der Schweizer Kunsthistoriker Jacob Burckhardt den Münsterturm vor rund 150 Jahren genannt hat. Wer einigermaßen schwindelfrei ist, sollte den 116 Meter hohen Ausguck erklimmen und eine

grandiose Sicht über Freiburg und seine Umgebung genießen. Von der Südseite des Münsters aus führt eine alte, enge Wendeltreppe in die Höhe, an schmalen Fensteröffnungen vorbei, die den Blick auf Details des Münsters freigeben. Nach 153 Stufen öffnet sich der 18 Meter hohe Glockenstuhl, einer der ältesten in Deutschland. Die Konstruktion aus Tannenbalken steht frei im Turm, damit sich die Schwingungen der Glocken nicht auf die Mauern übertragen.

Wie die Balken und Glocken 1290 so hoch kamen, zeigt ein riesiges Lastenrad, in dem ein oder zwei Personen liefen, um über eine Seilwinde die schweren Baumaterialien hochzuziehen. An die-

Erde. Ein herrlicher Blick über Freiburg und weit darüber hinaus belohnt die Mühen. Noch atemberaubender wird dieses Erlebnis 70 Stufen weiter oben, denn dann steht man direkt am Ansatz der Turmspitze. Der Blick durch die filigrane Steinspitze des Münsters in einen strahlend blauen Himmel ist ein Bild, das man nie mehr vergisst.

Gaumenfreuden am Münster

Der Blick der Marktleute rund um das Münster geht selten nach oben. Sie schauen eher nach vorn zu ihrer Kundschaft, beraten, empfehlen, halten ein Schwätzchen und lassen auch einmal von den angebotenen Köstlichkeiten

Das gotische Münster wird als „Himmel in Stein" gerühmt.

sem Lastenrad vorbei bringt eine Eisentreppe die Besucher weiter in die Höhe, in die Stube des Turmwächters. Dieser wacht heute mehr über Eintrittsgelder und Postkarten als über das Münster und die Stadt. Wer so weit vorgedrungen ist, braucht nun nur noch eine Wendeltreppe zu erklimmen und steht auf einer Aussichtsplattform, 263 Stufen über der

probieren. Rings um das Münster wurde schon im Mittelalter gehandelt, wie noch die Maße zeigen, die in die Pfeiler seitlich des großen Turmeingangs eingemeißelt sind. An der Nordseite des Münsters, also links vom Turmeingang, bieten Bauern der Region fast ausschließlich Selbsterzeugtes an: Gemüse, Obst, Schnaps, Wein, Marmeladen, Honig,

Vom Münsterturm hat man gute Sicht –
nicht nur in die Ferne, auch auf den Münsterplatz.

Auch am Abend einen Besuch wert:
die Arkaden am Münsterplatz

hausgemachte Nudeln, Holzofenbrot, rote Kartoffeln, Würste, Speck, Eier und von Frühling bis Herbst oftmals auch Blumen aus ihren Gärten.

Auf dem Weg zu den Bauernständen steigen verführerische Düfte in die Nase. Frisch geröstete Zwiebeln locken, die Begleiter der berühmten Münsterwurst. Jeden Vormittag braten und grillen an mehreren Ständen die Wurstfachleute vor allem Rote, aber auch Rinds- oder Kräuterbratwürste. Fast jeder Stand hat sein eigenes Rezept und seine eigene Kundschaft, meist Stammkunden, die nur noch gefragt werden: „Wie immer?"

Auf der gegenüberliegenden Seite des Münsters, der Südseite, bieten Händler ihre Waren an, nicht nur Kulinarisches, sondern auch getöpferte Gefäße oder Bürsten aller Arten. Der Olivenduft, der dort die Nase umweht, gibt Einheimischen wie Gästen die Bestätigung für das, was sie schon längst vermutet haben: ganz nah an der Toskana zu sein.

Stadt der Bächle

Müde Füße können sich in Freiburg an vielen Stellen ausruhen. Immer wieder finden sich Bänke unter Bäumen, Brunnen, auf deren Rand man sich niederlassen kann, Straßencafés und Weinlokale. Oder der matte Reisende setzt sich einfach auf den Boden und hält seine nackten Füße in eines der Bächle, die die Stadt durchziehen. Vielleicht treibt ein kleines Papierschiffchen vorbei, das ein spielendes Kind weiter oben eingesetzt hat. Rund neun Kilometer lang ist das Freiburger Bächlenetz, das aus der Dreisam gespeist wird und seit dem 12. Jahrhundert die Stadt durchzieht.

Einst dienten die Bächle als Lieferanten von Lösch- und Brauchwasser sowie als Viehtränke. Natürlich brachte das fließende Wasser auch ein bisschen Frische in die eher muffigen mittelalterlichen Gassen. Später galten die Bächle mehrfach als unmodern und sollten überdeckelt werden. Zum Glück konnten sich die Bächle-Gegner nie

Dolce vita auf dem Münsterplatz: Freiburg steht für ein besonderes Lebensgefühl.

Eines der prächtigsten Gebäude der Stadt ist das Historische Kaufhaus.

Fassadenschmuck am Haus Zum Walfisch, in dem einst Erasmus von Rotterdem gelebt hat.

Eine besonders liebenswerte Zutat des Freiburger Lebens sind die Bächle, die auf rund neun Kilometern die Stadt durchfließen (oben links). Innehalten ist auch am Neuen Rathaus möglich (unten links), im Augustinermuseum (oben rechts) oder in der Schusterstraße mit ihren Läden und Kneipen (unten rechts).

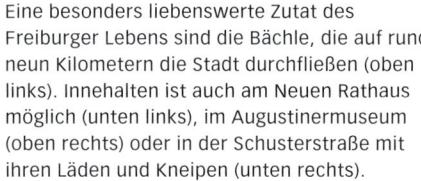

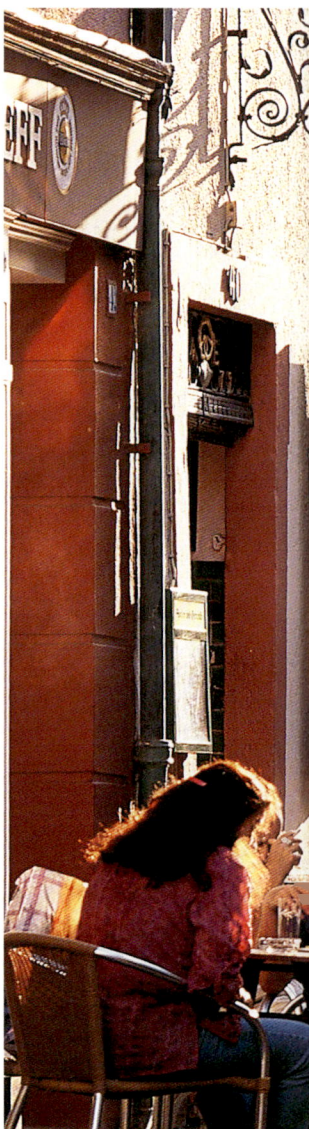

durchsetzen, und so kann man immer noch davon träumen, dass man einen Freiburger oder eine Freiburgerin heiraten wird, wenn man einmal versehentlich in ein Bächle getreten ist – wie es die Sage will. Die Bächleputzer halten jedenfalls alles schön sauber. In der Freiburger Fasnet ist ihnen sogar eine eigene Figur gewidmet.

Eine hellwache Unistadt

Bei aller Idylle, die Freiburg ausstrahlt mit seinen mittelalterlichen Gassen, den alten Häusern, die alle Namen tragen, man spürt dennoch überall: Die Stadt ist hellwach. Es ist gerade diese Mischung aus Bodenständigkeit und Forscherdrang, aus Tradition und Moderne, die Freiburgs Charme ausmacht. Schließ-

Die Freiburger Universität gehört in Forschung und Lehre zur Spitzengruppe in Deutschland.

lich prägen die Universität und weitere Forschungseinrichtungen die Stadt. Jeder sechste Einwohner ist an einer der Freiburger Hochschulen immatrikuliert, die traditionsreichen Lehrgebäude der Albert-Ludwigs-Universität liegen mitten in der Stadt, umgeben von zahlreichen Buchhandlungen und Antiquariaten.

Die Freiburger Uni ist eine der ältesten in Deutschland und gehört in Lehre und Forschung zur Spitzengruppe. 1457 gegründet, pflegt sie klassisches Bildungsgut, bestimmt und besetzt aber gleichzeitig auch aktuelle Forschungsfelder. Sie setzt dabei auf ein Zusammenspiel der verschiedenen Disziplinen, um für die Herausforderungen des 21. Jahrhunderts vorbereitet zu sein. Die sogenannten Lebenswissenschaften beispielsweise verbinden Biochemie, molekulare Zellbiologie, Angewandte Wissenschaften, Neurowissenschaften,

Die Stühlinger Kirchtürme ragen hinter dem Zentralen Omnibusbahnhof auf.

Der US-amerikanische Künstler Dennis Oppenheim (1938–2011) schuf 1999 „Jump and Twist" an der technischen Fakultät der Freiburger Universität.

Vor dem Freiburger Konzerthaus am Konrad-Adenauer-Platz drehen sich diese auffälligen Kegel von Andrea Zaumseil.

Freiburger Alltag.
Eine Momentaufnahme

Special

Energie

Sonne im Zentrum

Freiburg spielt bei der Nutzung der Sonnenenergie bundesweit eine Vorreiterrolle. Das Stadion des SC Freiburg, das Rathaus, viele Schuldächer, Kirchen und Privathäuser tragen Solaranlagen.

Bereits seit 1986 fördert die Stadt die Nutzung der Sonnenenergie. Dennoch wäre das Konzept nicht so erfolgreich, gäbe es nicht diesen besonderen „Freiburger Mix", ein Zusammenspiel geografischer, politischer und wirtschaftlicher Faktoren. Entscheidend aber ist die Mentalität der Freiburger Bürger, die aufgeschlossen und engagiert für alles sind, was ihre Umwelt schützt. Das schuf die Basis für die Ansiedlung von wissenschaftlichen Einrichtungen – darunter das Fraunhofer-Institut für solare Energiesysteme, Unternehmen wie die Solar-Fabrik und die Solarstrom AG oder Service-Einrichtungen wie das Solar Info Center. Die „Intersolar" hat sich in Freiburg zu Europas wichtigster Fachmesse

Das „Sonnenschiff" in der Solarsiedlung

entwickelt und ist so groß geworden, dass sie den Messestandort Freiburg verlassen musste. Freiburg empfiehlt an der Solarenergie Interessierten Rundgänge oder Rundfahrten mit der Straßenbahn, die jeder auf eigene Faust unternehmen kann. Die Wege reichen von der Basistour, einem Solar-Spaziergang durch die Innenstadt, über einen solaren Rundgang für die Familie bis hin zum solaren Regenrundgang.

Mathematik, Physik und verschiedene Disziplinen der Geisteswissenschaften – ein über die Landesgrenzen hinaus beachtetes Modell. Auch Nicht-Studenten öffnet die Universität ihre Türen mit einem breiten Angebot im Studium generale, beispielsweise mit der Samstags-Uni, in der während des Semesters wechselnde Wissenschaftler interessante Forschungsthemen allgemeinverständlich darstellen.

Mit dem Rad durch die Stadt

Der Fahrradpark rund um die Universitätsgebäude zeigt, dass auch Studenten und Professoren auf das beliebteste Freiburger Verkehrsmittel setzen. Es gibt nicht viele andere Städte in Deutschland, in denen man so viele Fahrräder mit und ohne Kinderanhänger, als Rennrad, als Transportrad oder als Fahrradtaxi sieht. Mehr als 400 Kilometer weist das Freiburger Radverkehrsnetz aus. Damit sich niemand in diesem Netz verirrt, hat die Stadt den Freiburger Fahrrad-Stadtplan herausgegeben, in dem auch Fahrradabstellplätze eingetragen sind. Denn auch in Freiburg gibt es Grenzen fürs Rad. So darf etwa rund um den Bertholdbrunnen, dem Verkehrsknotenpunkt für Straßenbahnen und Busse im Zentrum Freiburgs, kein Rad abgestellt werden. Bei einer „Scherben-Hotline" kann man

Blick in die Bummelmeile Konviktstraße mit ihren vielen wunderhübsch sanierten Häusern.
Im Hintergrund ist das Dach des Schwabentors zu sehen.

Die Konviktstraße endet am dreieckigen Platz Oberlinden.
Dominantes Element ist das Schwabentor, ein Rest der mittelalterlichen Stadtbefestigung.

Special

Im „Häs" durch die Stadt

....

Hunderte von Stoffteilen brauchen die West-Hansele für ihr „Häs".

Freiburger feiern das ganze Jahr über gern. Den Auftakt des Festreigens macht traditionell die Fasnet, die in Freiburg genau vier Wochen vor dem Fastnachtssamstag beginnt, während die Narren im schwäbisch-alemannischen Raum grundsätzlich am Dreikönigstag mit dem Abstauben der Masken das närrische Treiben einleiten.

Von ihrem Stützpunkt im „Deutschen Haus" in der Schusterstraße ziehen die Freiburger Fasnetrufer mit der braun getönten, lachenden Lindenholzmaske, dem bunten Flecklehäs, den weißen Handschuhen und der großen Rätsche durch die Stadt. Sie sind die Erznarren der Breisgauer Narrenzunft und führen am Rosenmendig (Rosenmontag) ab 14.00 Uhr den traditionsreichen Umzug durch die Innenstadt an. Herdemer Lalli, Blau-Narren, Freiburger Hexen mit dem lachenden Teufel, Günterstaler Bohrer, Feuer-Narren, Zähringer Burgnarren und wie sie alle noch heißen folgen im Zug, begleitet von Gästen aus dem ganzen schwäbisch-alemannischen Fasnetreich. 1283 wurde die

„Vasinaht" in Freiburg erstmals in einer Urkunde erwähnt, aber eine alemannische Fasnet wie sie heute gefeiert wird, gibt es erst seit 1934.

Damals hat sich die Breisgauer Narrenzunft gegründet, die bis heute die Dachorganisation von mehr als 30 Zünften bildet. Alle, die den Narrenzug nicht live erleben können, sollten einen Blick ins Freiburger Fasnetmuseum werfen: dort reihen sich die ganzen Breisgauer Narrentypen auf, arrangiert von den Zünften.

Fasnet, die hohe Zeit der Narren

melden, wo Glassplitter auf der Radstrecke liegen – welche die Freiburger Stadtreinigung im Nu beseitigt. Da wundert es niemanden, dass in Freiburg auch Stadtrundfahrten per Rad angeboten werden, Teil des reichhaltigen Führungsangebots.

Einträchtig unterwegs

Vor einigen Jahren hat die Stadt Freiburg ihre Bürger zu kostenlosen Stadtführungen eingeladen, um ihnen einmal das Gefühl zu geben, zu Besuch in der eigenen Stadt zu sein. Bei mehr als 6000 Übernachtungen pro 1000 Einwohner braucht es in der Hochsaison schon ein bisschen Toleranz, damit Freiburger und Nicht-Freiburger miteinander gut auskommen. Zwar ist der Badener an sich tolerant, aber wenn er mit dem Fahrrad nicht mehr voran kommt oder abends die Plätze in den Gartenlokalen alle besetzt sind, kann er schon „bruddelig" werden.

Gemütlich zu essen und zu trinken gehört zur badischen Lebensart – an der man gern auch Nicht-Badener teilhaben lässt, solange sie einem selbst einen Platz lassen. Dabei ist das gastronomische Angebot in Freiburg riesig und reicht von urbadischer Küche mit Wurstsalat und Brägele, wie hier die Bratkartoffeln heißen, bis zu internationalen Spezialitäten.

Die Markthalle in der ehemaligen Druckerei Poppen & Ortmann ist eine geraffte Version dieser Vielfalt. Seit mehr als 30 Jahren ist sie ein Mittagstreff vieler Freiburger, aber auch vor und nach der Mittagszeit. Man isst im Stehen chinesisch, indisch, italienisch, japanisch oder wie auch immer und kauft besondere Spezialitäten für die häusliche Küche ein. Freitags und samstags bis Mitternacht geöffnet, bietet die Markthalle zum Essen ein Musikprogramm unterschiedlicher Stilrichtungen. Damit hat sie sich in die Freiburger Nachtszene eingereiht, denn auch nach Sonnenuntergang geht das Leben in den alten Gassen recht munter weiter.

SCHAUINSLAND

Erlebnisreiche Bergwelt

Die landschaftlichen und kulturellen Attraktionen des Freiburger Hausbergs ziehen rund ums Jahr Scharen von Erholungssuchenden auf den Schauinsland. Das wirkt sich teilweise zum Nachteil der Natur aus und erfordert eine Besucherlenkung.

Die Windkraftanlagen auf der Holzschlägermatte waren aus Gründen des Landschaftsschutzes bei ihrem Bau 2003 heftig umstritten.

Von den Bauern und Bergleuten, die einst am Schauinsland um ein karges Einkommen kämpften, blieb vermutlich selten einer verzückt stehen, um die weite Aussicht über die Rheinebene bis zu den Vogesen oder bis zu den Westalpen zu genießen. Heute ist dieser grandiose Ausblick einer der Anziehungspunkte für die Besucher des 1284 Meter hohen Berges. Zielstrebig steuern sie den Turm an, der sie nochmals 31 Meter über den Berg erhebt, windzerzaust steigen sie wieder herab – und das nicht immer auf den vorgegebenen Wegen. Die Bergwelt Schauinsland versucht, die Ausflügler auf den Wegen zu halten, die für sie vorgesehen sind, um den Berg möglichst gut vor Erosionsschäden zu schützen.

Auf zum Schauinsland

Ökologisch korrekt startet der Weg zum Schauinsland in Freiburg mit der Straßenbahnlinie 2 nach Günterstal, von dort mit der Buslinie 21 weiter bis zur Talstation der Schauinslandbahn. Sie ist die längste Kabinenseilbahn mit Umlaufsystem in Deutschland und die älteste ihrer Art weltweit. An Wochenenden und Feiertagen verkehrt ein Bus, der in wenigen Minuten das Heimatmuseum Schniederlihof oder den Tier- und Freizeitpark Steinwasen erreicht.

Passionierte Autofahrer parken allerdings nur selten bei der Talstation. CO_2-Ausstoß hin oder her, sie können der legendären Straße zum Schauinsland nicht widerstehen,

Schauinsland: Der
1284 Meter hohe
Schwarzwaldberg ist für
seine grandiose Aussicht
bekannt.

Ein breites Angebot lockt die Wintersportler auf die Skipiste beim Hofsgrund (oben). Zu den Legenden unter den Rennstrecken gehört die Schauinslandstraße (unten). Für Motorradfahrer ist die Strecke an bestimmten Tagen gesperrt.

mancher übersieht die entsprechenden Schilder – wissentlich oder unwissentlich.

Mit deutlich geringeren Geschwindigkeiten touren seit 2001 alle zwei Jahre Oldtimerfreunde bei der Schauinsland-Klassik von Freiburg aus durch den Schwarzwald und auf den Schauinsland. Diese Genussfahrer sind es allerdings weniger, die der Natur am Freiburger Hausberg zu schaffen machen. Es sind mehr die alltäglichen Autofahrer, die ihr Fahrzeug auf Wiesen und Wegen statt auf Parkflächen abstellen.

Bergbau und Windkraft

Schon in alten Zeiten prägte der Mensch die Landschaft nachhaltig: Der enorme Holzbedarf beim Bergbau führte zu beträchtlichen Waldrodungen am Schauinsland, sodass große Weideflächen entstanden, heute tausendfach fotografiert mit den typischen Windbuchen. Diese entstanden durch das beständige Abweiden der Triebe durch das Vieh, wodurch der Baum immer mehr in die Breite wuchs. Sobald die Kühe an die inneren Zweige nicht mehr herankamen, konnten die Buchen an Höhe zulegen. Auf der Südseite des Bergs bemüht man sich darum, dieses charakteristische Landschaftsbild zu erhalten.

Neben Natur pur präsentieren sich auf der Holzschlägermatte auch zwei Windräder, die 2003 heftig umstritten waren. Die Stadt Freiburg wollte sie bauen, das Regierungspräsidium war jedoch aus Gründen des Landschaftsschutzes dagegen. Das Verwaltungsgericht stärkte die Position der Stadt. Nachdem die baden-württembergische Landesregierung die Windkraft stärker nutzen will, könnten bald schon mehr Windräder am Schauinsland stehen, allerdings alle so, dass die Rotorblätter die Gipfelhöhe nicht erreichen.

die im 20. Jahrhundert als eine der schönsten Bergrennstrecken Europas galt.

Auch Motorradfahrer lockt die berühmte Strecke. Die Geschwindigkeit, mit denen die Zweiräder an Fahrradfahrern und Wanderern vorbeisausen, jagt jedoch manchem einen ordentlichen Schrecken ein. Zwischen April und Oktober haben Motorräder an Wochenenden und Feiertagen am Schauinsland nichts zu suchen, aber

Fakten & Informationen

....

Schauinslandbahn:
www.schauinslandbahn.de;
Juli–Sept. tgl. 9.00–18.00, sonst tgl. 9.00–17.00 Uhr

Museumsbergwerk:
www.schauinsland.de; Führungen Juli und Aug. tgl.,
Mai und Juni, Sept. und Okt. nur Mi., Sa., So. und Fei.

Sportangebot:
Wandern, Nordic Walking, Mountainbiken, Rollerfahren,
Klettern, Schneeschuhwandern, Ski- und Schlittenfahren

Windbuchen prägen
den Gipfel des Berges.
Die bizarren Gestalten
erinnern an die Zeiten,
als hier oben noch Vieh
geweidet wurde.

Lebendige und überschaubare Metropole

Freiburg ist eine moderne, lebendige Universitätsstadt, im Kern historisch, aber alles andere als verkrustet. In ihren mittelalterlichen Gassen mit den schönen Geschäften und in den gemütlichen Cafés und Restaurants fühlen sich Einheimische, Studenten wie auch Besucher gleichermaßen wohl. Nichts erscheint gigantisch – alles ist grundsolide.

● Allgemein

Den Ursprung der Universitätsstadt (227 000 Einw.) bildete eine 1091 auf dem Schlossberg erbaute Burg der Herzöge von Zähringen. Marktrecht, verkehrsgünstige Lage und reiche Silbervorkommen im Schwarzwald verhalfen Freiburg rasch zu Wohlstand. Bereits 1200 wurde mit dem Bau des Münsters begonnen. Beim Ausbau der Stadt im 13. Jh. entstanden die Freiburger Bächle (1246) für Löschwasser und Wasser für Tiere und Gewerbe. 1368 kauften sich die Freiburger Bürger von den Zähringern los und stellten sich unter die Herrschaft der aufstrebenden Habsburger. 1457 stiftete Erzherzog Albrecht von Österreich die Freiburger Universität, eine der ältesten habsburgischen Universitätsgründungen. Nach dem Dreißigjährigen Krieg wechselte Freiburg mehrfach zwischen Frankreich und Österreich, bis Napoleon 1805 nach der Schlacht bei Austerlitz die Stadt samt

Blick ins Freiburger Stadttheater an der Bertholdstraße; Aussichtsturm auf dem Schlossberg

Breisgau und Ortenau dem neu geschaffenen Großherzogtum Baden eingliederte.

INFORMATION
Tourist-Information, Rathausplatz, 79098 Freiburg, Tel. 0761/3 88 18 80, www.visit.freiburg.de

● Sehenswert

MÜNSTERPLATZ
Das Zentrum Freiburgs bildet das **Münster Unserer lieben Frau TOPZIEL** (um 1200 bis 1513). Vom Historischen Kaufhaus (Südseite des Münsters) hat man einen guten Überblick über die Baustile: Hahnentürme und Querschiff sind in spätromanischem Stil erbaut, orientiert am Basler Münster. Als sich 1220 die Formen der französischen Gotik durchsetzten, wurde Straßburg Vorbild für den Weiterbau des Münsters. Spätestens um 1330 wurde der bis dahin beispiellose Westturm vollendet, gekrönt von dem 43 m hohen, filigran durchbrochenen

Helm. Da die gedrungene romanische Apsis und die niedrigen Hahnentürme nicht mehr so recht in das gotische Gesamtbild des Münsters passten, wurden die Türme erhöht, und im Osten wurde ein verlängerter Chor mit einem Kapellenkranz gebaut. 1620 wurde eine Renaissancehalle an der Südseite des Querschiffes angefügt. Eine Besichtigung des Innenraums ist an einem sonnigen Tag um die Mittagszeit besonders schön. Sehenswert das 1516 fertiggestellte Hochaltarbild von Hans Baldung Grien (www.freiburgermuenster.info; außerhalb der Gottesdienste Mo.–Sa. 10.00 bis 17.00, So. und Fei. 13.00–19.30; Chor und Kapellenkranz Mo.–Fr. 10.00–11.30 und 12.30 bis 16.00, Sa. 10.00–11.00 und 12.30–15.30, So. und Fei. 13.00–16.00; Turm Mo.–Sa. 9.30–16.45, So. und Fei. 13.00–17.00 Uhr).
Auf der Südseite des Münsters fällt das **Historische Kaufhaus** mit roter Fassade auf, 1520 bis 1532 als städtische Markt-, Zoll- und Finanzverwaltung errichtet. An der Nordseite baute die Stadt 1498 das **Kornhaus** als Vorratsspeicher, das auch als Schlachthaus ge-

Tipp

Mit Bärbele unterwegs

Stadtführung einmal anders: Nach Sektempfang im Gasthaus „Zum Roten Bären" geleitet das in Tracht gekleidete Schwarzwaldmädle „Bärbele" vom Schwabentor durch die Konviktstraße zum Münster. Unterwegs hat die Schauspielerin den Tourgästen allerhand Spannendes und Amüsantes rund um Freiburg zu erzählen. Mit einem Glas gekühlten Gutedel und einem kleinen Schwarzwälder Schinkenvesper klingt die Tour direkt auf dem Münsterplatz aus.

TIMEWALKING/TIMETALKING
Batzenbergstraße 3a, 79227 Schallstadt, Tel. 07664/4 04 07 28, www.timewalking.de

nutzt wurde. Sein markanter Treppengiebel wurde nach der Zerstörung im Zweiten Weltkrieg anhand von Plänen aus dem 15. Jh. wieder aufgebaut (heute Café). Im Osten des Münsterplatzes steht die **Alte Hauptwache** von 1733, in der 30 Weingenossenschaften und -güter Weinspezialitäten der Region anbieten.

ALTSTADT

Richtung Herrenstraße, durch die der Hauptkanal der Freiburger Bächle fließt, liegen hinter der „Alten Wache" die ehem. Werkstätten der **Alten Münsterbauhütte** (16. Jh.) mit dem einzigen in der Stadt erhaltenen Sichtfachwerk des späten Mittelalters (Münsterladen des Münsterbauvereins). Gegenüber erhebt sich das neuromanische ② **Erzbischöfliche Ordinariat** (bis 1906) mit reich verzierter Sandsteinfassade. Die dortige Schoferstraße führt zur heutigen Münsterbauhütte, die mehr als zehn Steinmetze und Bildhauer beschäftigt und seit 2005 erstmals von einer Münsterbaumeisterin geleitet wird (Führung Sa. 13.00 Uhr ab Münsterladen, Herrenstraße 30).

Tipp

Musik, Theater, Kabarett

Sommer und Musik gehören in Freiburg seit mehr als 30 Jahren zusammen – was mittlerweile beinahe weltweit bekannt ist. Seit 1983 lockt das Zelt-Musik-Festival die Menschen vor die Tore der Stadt auf das Mundenhofgelände. Ursprünglich eine alternative Veranstaltung, ist das ZMF nunmehr ein Event, das Musikbegeisterte weit über die Region hinaus anzieht. In verschiedenen Zelten und auf Freiluftbühnen gibt es Musik, Kunst, Theater, Kabarett und Sport. Mancher geht auch nur hin, um in Ruhe den Sonnenuntergang bei einem Glas Wein mit Freunden zu genießen – natürlich umweltfreundlich mit Tram und Zubringerbus.

ZELT-MUSIK-FESTIVAL
Mundenhof-Gelände,
Mundenhoferstraße, 79111 Freiburg,
Tel. 0761/5 04 03 33, www.zmf.de

Benachbart liegt eines von Freiburgs schönsten Gässle, die ③ **Konviktstraße**, zugleich beispielhaft für geglückte Altstadtsanierung. Die Konviktstraße führt in das älteste Siedlungsgebiet Freiburgs, das Gebiet um Oberlinden mit dem ④ **Schwabentor** (13. Jh.). Unweit vom Schwabentor geht es hinab in die „Insel", die zum ⑥ **Augustinerplatz** führt, der sich wie eine italienische Piazza öffnet. Zwischen Gerberau, Fischerau und Grünwälderstraße gibt es viel zu sehen und zu kaufen.

Das Colombischlössle in seinem als englischer Landschaftsgarten angelegten Park; Musik und Weingemütlichkeit beim ZMF

Folgt man der Gerberau, steht man vor Freiburgs zweitem erhaltenen Stadttor, dem ⑦ **Martinstor** (Urspr. 13. Jh.). Hier öffnet sich die Kaiser-Joseph-Straße, die von Einheimischen kurz „Kajo" genannte Freiburger Haupteinkaufsstraße mit zahlreichen Filialisten. Am modernen Bertholdbrunnen kommen die Freiburger Straßenbahnen und Busse zusammen. Ein kurzer Abstecher westl. führt zum bis 1911 errichteten historisierenden Kollegiengebäude der ⑧ **Universität**. Vorbei an den neueren Kollegiengebäuden gelangt man zum ⑬ **Neuen Rathaus**, das Ende des 19. Jh. durch den Umbau eines Renaissance-Doppelhauses entstand. Daneben steht das **Alte Rathaus**, zwischen 1557 und 1559 aus mehreren Häusern zusammengefügt und heute Tourist-Information. Nord- und Ostseite des Rathausplatzes bestimmt das ehem. **Franziskanerkloster** (Urspr. 13. Jh), in dem Berthold Schwarz 1359 angeblich das Schießpulver erfunden hat. Über die Franziskanergasse mit dem prächtigen **Haus Zum Walfisch** (1516) gelangt man wieder zur „Kajo", an der weiter links der ⑭ **Basler Hof** (Ende 15. Jh.) steht, urspr. Exilresidenz des Baseler Domkapitels und heute Sitz des Regierungspräsidenten. Ein Abstecher sollte zum Freiburger ⑨ **Hauptbahnhof** führen, dessen Umgebung sehr futuristisch wirkt und zu der auch das ⑩ **Planetarium** gehört (Infos unter www.planetarium-freiburg.de, Bismarckallee 7g).

● Museen

Überraschende Einblicke in die Kunst und Ausblicke auf die Stadt Freiburg bietet das völlig neu gestaltete Kirchenschiff im ⑥ **Augustinermuseum**. Neben den Basler Sammlungen und dem Unterlindenmuseum in Colmar ist das Augustinermuseum eines der wichtigsten Museen für Kunst und Kultur des Oberrheingebiets vom Mittelalter bis zum 20. Jh. (Augustinerplatz, www.freiburg.de/museen; Di.–So. 10.00–17.00 Uhr). Ganz in der Nähe liegt das ⑥ **Museum Natur und Mensch** mit Sammlungen zur Erdgeschichte und zu Bodenschätzen der Region. (Gerberau 32, www.freiburg.de/museen; Di.–So. 10.00–17.00 Uhr). Das ⑥ **Museum für Neue Kunst** zeigt Malerei und Skulptur von der klassischen Moderne bis zur Gegenwart. (Marienstraße 10a, www.freiburg.de/museen; Di.–So. 10.00–17.00 Uhr).

Das Schwabentor beherbergt eine ④ **Zinnfigurenklause**, die mit rund 9000 Zinnfiguren geschichtliche Ereignisse aus der Region darstellt (www.zinnfigurenklause.de; ab 3. Sa. im Mai–3. Okt. Di.–Fr. 14.30–17.00, Sa./So. 12.00 bis 14.00 Uhr) Das ① **Haus Zum schönen Eck** wurde 1761 vom Rokoko-Maler, Bildhauer und Architekten Johann Christian Wentzinger (1710–1797) erbaut; das für die damalige Zeit mit Malerei und Skulpturen ungewöhnlich reich geschmückte Haus ist heute **Museum für Stadtgeschichte** (Münsterplatz 30, www.freiburg.de/museen; Di.–So. 10.00–17.00 Uhr). Archäologie wird im neugotischen ⑪ **Colombischlössle** (1861) erlebbar: Funde aus der Altsteinzeit bis zum Frühmittelalter und wertvolle Grabbeigaben aus keltischen Fürstengräbern (Rotteckring 5, www.freiburg.de/museen; Di.–So. 10.00–17.00 Uhr). Das ⑪ **Uniseum** der Albert-Ludwigs-Universität bietet Einblicke in Alltagsleben, Forschungsarbeit und Lehre der Universität seit dem 15. Jh. (Bertholdstraße 17, www.uniseum.uni-freiburg.de; Do.–Sa. 14.00 bis 18.00 Uhr).
Figuren und Szenen der Freiburger Fastnacht sind im ⑫ **Fasnetmuseum** ausgestellt (Turmstraße 14, www.breisgauer-narrenzunft.de; Sa. 10.00–14.00 Uhr).
Im ⑮ **Kunsthaus L6** hat Freiburg im Stadtteil Zähringen einen Ausstellungsraum geschaffen, der aktuelle Kunst aus der Region präsentiert (Lameystraße 6, www.freiburg.de/kunsthausl6; bei Ausstellungen Do. und Fr. 16.00–19.00, Sa./So. 11.00–17.00 Uhr).
Der ⑤ **Kunstverein Freiburg**, 1827 gegründet, zählt zu den ältesten Deutschlands; auch er stellt die zeitgenössische Kunst in den Mittelpunkt (Dreisamstraße 21, www.kunstverein-freiburg.de; Di.–So. 12.00–18.00, Mi. 12.00 bis 20.00 Uhr).

● Aktivitäten

Rund um Freiburg-Günterstal kann man auf einer Fläche von 100 ha mehr als 1300 heimische und fremdländische Bäume und Sträucher aus fünf Kontinenten und etwa 60 Ländern kennenlernen. Rundwege führen durch das **17 Arboretum**, alle beginnen in der Nähe von Straßenbahnhaltestellen oder Parkplätzen (www.biologie.uni-ulm.de/extern/guenterstal). Ein Abstecher in den 700 qm großen Heil- und Bibelkräutergarten des **Klosters St. Lioba** lohnt auf alle Fälle (www.kloster-st-lioba.de; Mo.–Fr. 10.00–12.00 und 14.30–17.30, Sa./So. 10.30–12.00 und 14.00–17.00, Führungen meist Mi. 14.30 Uhr).
Auf dem Schlossberg sind im **16 Nordic Walking Fitness Park** attraktive Routen verschiedener Länge und Schwierigkeitsgrade ausgewiesen (www.freiburg.de, Stichwort Nordic Fitness Park). Stadterkundungen per Rad, joggend oder mit Nordic-Walking-Stöcken kann man unter www.freiburg-aktiv.de finden.

● Einkaufen

An rund 100 Ständen bieten Händler (Südseite) und Erzeuger (Nordseite) ihre Waren auf dem Freiburger **Markt** rund ums Münster an (Mo. bis Sa. 7.30–13.30 Uhr). Kleine Läden und Werkstätten, Cafés und Restaurants sind in der **Konviktstraße,** in der **Gerberau** und der **Fischerau** zu finden. Die **Kaiser-Joseph-Straße** gleicht mit zahlreichen Filialisten vielen Hauptstraßen anderer Großstädte.

● Hotels & Restaurants

Das zu den besten Hotels Deutschlands zählende € € € € **Colombi** bietet neben Luxus auch Gourmet-Küche (Rotteckring 16, 79098 Freiburg, Tel. 0761/2 10 60, www.colombi.de).
Das € € € **Zum Roten Bären** ist ein Freiburger Traditionshaus direkt beim Schwabentor (Oberlinden 12, 79098 Freiburg, Tel. 0761/38 78 70, www.roter-baeren.de).
Die Küche der € € € **Kreuzblume** zeigt französischen Einfluss (Konviktstraße 31, Tel. 0761/3 11 94, www.kreuzblume-freiburg.de).
Der € € **Große Meyerhof** lohnt besonders für Freunde badischer Küche (Grünwälderstraße 1, Tel. 0761/3 83 73 97, www.grosser-meyerhof.de; So. und Fei. Ruhetag).

● Veranstaltungen

Die alemannische **Straßenfasnet** am Fastnachtssonntag und Rosenmontag hat nichts mit rheinischem Karneval zu tun, sondern ist eine kulturgeschichtliche Besonderheit am Oberrhein. Kulturbegeisterte kommen beim **Freiburger Münstersommer** auf ihre Kosten, Weinliebhaber beim **Freiburger Weinfest** im Juni oder Juli. Fast zeitgleich findet das **Internationale Zelt-Musik-Festival** auf dem Mundenhofgelände statt (siehe Tipp S. 40).

Genießen   Erleben   Erfahren

DuMont Aktiv

Zu den heiligen Hütten

Die Heiligen heißen Ottilie, Valentin und Barbara, und so mancher Freiburger pilgert wenigstens einmal pro Jahr zu diesen magischen Plätzen – besser gesagt zu den dort etablierten Gasthäusern. Feine regionale Küche und ausgesuchte Weine belohnen die körperliche Anstrengung. Weniger Sportliche fahren mit dem Auto.

Unweit des Schwabentors in Freiburg beginnt auf dem Schlossberg ein gemütlicher Wanderweg zur heiligen Ottilie, der Schutzpatronin Augenleidender. Nach einer Stunde Wandern öffnet sich eine kleine Lichtung mit Wallfahrtskapelle, Wirtshaus und Biergarten. Für kleine Wanderer besonders attraktiv: der echte Traktor beim Spielplatz.

Die Kapelle des heiligen Valentin ist zwar längst verschwunden, dafür steht der „Valentin" für leckere Speckpfannkuchen und badische Gemütlichkeit. In der Nähe der Güntersaler Straßenbahnhaltestelle „Wonnhalde" beginnt der Friedenspfad. Von diesem Pfad führt im letzten Drittel links ein kurzer Abstecher zum „Valentin". Barbara, die Schutzpatronin der Bergleute, findet man von der Straßenbahn-Endhaltestelle in Littenweiler über die Lindenmattenstraße, an den PH-Gebäuden vorbei zum Dorfplatz. Von dort nach oben zum Waldparkplatz und schließlich rechts zum Gasthaus mit gigantischer Aussicht.

Weitere Informationen

St. Ottilien: Kartäuser Straße 135, Tel. 0761/6 32 30, www.st-ottilien.com; April–Okt. Mo.–Sa. ab 12.00, So. ab 10.00 Uhr, Nov.–März Sa. ab 12.00, So. ab 10.00 Uhr.
St. Valentin: Valentinstraße 100, Tel. 0761/7 07 77 48, www.sanktvalentin.eu; Di.–Sa. 12.00–24.00, So. ab 11.00 Uhr.

St. Barbara: Sonnenbergstraße 40, Tel. 0761/6 96 70 20, www.st-barbara-freiburg.de; April–Okt. Di.–Sa. 15.00–22.00, So. und Fei. 12.00–22.00, Nov.–März Do.–Sa. 15.00–22.00, So. und Fei. 12.00–22.00 Uhr.

Hoch über der Stadt thront der Kastaniengarten mit fantastischer Aussicht. Wer nicht laufen will, kann auch mit dem Aufzug hochfahren.

Berge, Wein und heiße Quellen

Die Umgebung Freiburgs bietet alles, was man zur Erholung braucht. Vor allzu großer Sommerhitze schützen die Höhen des Schwarzwalds, dessen klare Seen überdies Abkühlung versprechen. Die Reben vor den Stadttoren sind besonders schön, wenn sich das Laub im Herbst färbt, und die Obstbäume im Frühjahr, wenn sie Markgräflerland und Kaiserstuhl in einem Blütenmeer versinken lassen. Und sollte es einmal kälter sein, wärmen heiße Quellen Körper und Seele.

Ausblicke am Kaiserstuhl: Bickensohl, Oberrotweil und flurbereinigte Hänge, im Blau verschwimmen Rheintal und Vogesen.

Wörtlich genommen hat man es in Leiselheim mit des Kaisers Stuhl. Weinberge prägen die Landschaft am Kaiserstuhl und Tuniberg.

Seit dem Dreißigjährigen Krieg ist Staufens Burg eine Ruine.
Die Reben reichen bis an die alten Wälle heran.

Gerade mal zwei Stunden, und schon hat man den Tuniberg bezwungen. Der kleine Lössberg im Westen Freiburgs ist fast elf Kilometer lang und kaum fünf Kilometer breit. Wer auf dem Bergrücken von Munzingen im Süden nach Gottenheim im Norden wandert, wird mit großartiger Sicht auf die Vogesen im Westen, den Kaiserstuhl im Norden sowie Freiburg und den Schwarzwald im Osten belohnt. Wie ein Inselchen liegt der Tuniberg in der Oberrheinebene, begleitet von seinem großen Bruder, dem Kaiserstuhl, von Rhein und Autobahn umflossen, umrahmt von acht Dörfern, die vom Weinbau geprägt sind. Doch von Autos und anderen zivilisatorischen Errungenschaften spürt man hier wenig. Wer oberhalb von Munzingen bei der Ehrentrudiskapelle steht, ist zwar noch nahe der Stadt Freiburg und doch schon ganz weit weg.

Südländische Inselberge
An Tuniberg und Kaiserstuhl kommen Naturliebhaber auf ihre Kosten. Seltene Pflanzen- und Tierarten sind im milden Klima der Oberrheinebene heimisch geworden. Den so fruchtbaren, ockergelben Lössboden hat der Wind nach den Eiszeiten aus den großen Schotterfeldern der Rheinlandschaft ausgeblasen

und am Tuniberg und am Kaiserstuhl abgelegt. Diese samtweiche, flaumleichte Erde ist sehr nachgiebig. Schritt und Tritt von Bauern und Tieren, Räder von tausenden Ochsenkarren und Sturzregen haben über Jahrhunderte tiefe Hohlwege in die Erde eingegraben. Die Wände rechts und links wurden immer höher und steiler, zum Teil sind sie fast 15 Meter hoch. So entstanden in den Weinbergen verzweigte Systeme von Zugangswegen, von denen am Kaiserstuhl noch sechs als flächenhafte Naturdenkmäler erhalten sind. Die Eichgasse in Bickensohl unter anderem führt zu einem der eindrucksvollsten Hohlwege am Kaiserstuhl.

Der Kaiserstuhl bietet dem Wein ideale Bedingungen.

Der Kaiserstuhl ist eine dörfliche Landschaft, geprägt vom Weinbau, der in der Zeit von 1970 bis 1988 eine tiefgreifende Veränderung erlebte, als die alten Kleinterrassen in gewaltigen Erdbewegungen zu großen Terrassenflächen umgeformt wurden. Damit wurden aber auch Äcker, Feldobst und Sonderkulturen verbannt. War das ein

Irrweg? Heute besinnt man sich zunehmend wieder auf den besonderen Wert der einzigartigen Kulturlandschaft Kaiserstuhl mit ihrer historischen Terrassenlandschaft.

Endingen und Breisach
Neben den Weinbaudörfern sind am Rand des Kaiserstuhls zwei sehr unterschiedliche Kleinstädte entstanden: das mittelalterliche Endingen am Nordrand und die Europastadt Breisach, die genau genommen schon nicht mehr im Kaiserstuhl liegt.

Wer Endingen durch das Königschaffhausener Tor betritt, taucht in ein Landstädtchen ein, das sich seinen Charme über die Jahrhunderte erhalten konnte. Schon von Weitem zeigt sich der Breisacher Münsterberg mit dem Stephansmünster. Rund 35 Meter ragt er über die Rheinebene auf. Bereits vor über 4000 Jahren lebten steinzeitliche Jäger auf dem Berg – er ist damit einer der ältesten Siedlungsplätze des Oberrheingebiets. Und weit lässt sich von ihm nach Frank-

Ein Fanfarenzug gehört nicht nur in Bahlingen zu einem zünftigen Weinfest.

Die Marienkrönung ist das Thema des Schnitzaltars im Breisacher Münster.

Hoch über der Stadt ragt das Breisacher Münster auf.
Beim Münsterberg handelt es sich um einen Ausläufer des Kaiserstuhls.

reich hinüber blicken – das sich immer wieder als schicksalbestimmend erwies. Bereits im ausgehenden 12. Jahrhundert haben auf diesem exponierten Platz die Bauarbeiten für das Stephansmünster begonnen. Wertvolle Kunstschätze wie das Ende des 15. Jahrhunderts entstandene „Jüngste Gericht" Martin Schongauers und der kunstvoll gestaltete Lettner mit seinen filigranen spätgotischen Steinbögen warten im Innern. Und der Hochaltar gilt als einer der schönsten Schnitzaltäre Deutschlands.

Erholung vor der Tür

Der Kaiserstuhl ist für die Freiburger ein wichtiges Naherholungsgebiet, aber eigentlich ist die Stadt von Naherholungsgebieten geradezu umzingelt, die in kurzer Zeit erreichbar sind. Im Süden erstreckt sich das Markgräflerland, das angesichts seines milden Klimas und der hügeligen Landschaft gern mit der Toskana verglichen wird. Seine heißen Quellen schätzten schon die Römer wie zuvor auch die Kelten.

Von den dunklen Tannen des Schwarzwaldes über Laubwälder und Weinberge zieht sich die Landschaft von Ost nach West bis zu den Feldern und Wiesen nahe dem Rhein, voll von seltenen Tier- und Pflanzenarten. Doch auch die Menschen hinterließen ihre Spuren und zahlreiche Burgruinen wie in Staufen, Neuenfels, Badenweiler, Sausenburg und Rötteln.

In Staufen soll vor rund 500 Jahren der Teufel persönlich den Magier und Alchimisten Johann Georg Faust in die Hölle verführt haben. Im „Gasthaus Löwen" weist eine Schnitzerei am Bettkasten im Zimmer 5 des dritten Stocks den Doktor als Dauermieter aus. Dort sollte er für die Herren von Staufen Gold herstellen – doch nach einer Explosion fand man den Alchimisten tot in seinem Zimmer. Für Fausts Zeitgenossen gab es keinen Zweifel, hier konnte nur der Teufel die Hand im Spiel gehabt haben, von Chemie wussten sie ja noch nichts. Die Herren von Staufen hatten Faust geholt,

Im Heitersheimer Malteserschloss leben heute Ordensschwestern (oben). St. Trudpert im Münstertal mit seinem Zwiebelturm ist ebenfalls ein Frauenkloster (unten links). Bad Krozingen besitzt eines der schönsten Thermalbäder Südbadens (rechts).

Schloss Bürgeln ist berühmt für seine herrliche Aussicht. An manchen Tagen schimmern die Alpengipfel Eiger, Mönch und Jungfrau am Horizont.

Special

Thermen

Es begann mit den Römern

Eine noble Therme: das Markgrafenbad von Badenweiler

Heiße Quellen sprudeln gleich an mehreren Orten im Markgräflerland und versprechen Erholung.

Wo heute die Cassiopeia-Therme von Badenweiler steht, gründeten die Römer vor rund 2000 Jahren eine Siedlung mit dem Namen „Aquae Villae". Die römische Badruine gilt als die größte Thermenruine nördlich der Alpen. Die Römer weihten die Therme der Schutzgöttin des Schwarzwalds,

Diana Abnoba. Das heilende Wasser kommt ja auch aus dem Schwarzwald, erhitzt sich in 500 Metern Tiefe an der Erdwärme und wird an mehreren Stellen des Markgräflerlandes aus der Erde gedrückt – in Badenweiler, in Bad Krozingen und in Bad Bellingen. Das wussten die Römer vermutlich nicht, aber sie brachten ihre Badekultur in diese Region, die Erholungsuchende bis heute genießen.

weil die Silbervorkommen im Münstertal zur Neige gingen und daher Ersatz für diese wichtige Geldquelle dringend vonnöten war. Das Besucherbergwerk Teufelsgrund berichtet von der Bedeutung des Bergbaus im Münstertal, ebenso wie das Landesbergbaumuseum in Sulzburg.

In den lichten Schwarzwald

Vom Münstertal führen wildromantische Wege in den Schwarzwald hinein, nach Schönau und Todtnau, zur riesigen ehemaligen Benediktinerabtei St. Blasien mit ihrer Kuppelkirche, die als eine der größten in Europa gilt. Hier im Süden ist der Schwarzwald lichter als im dunklen Norden.

Große Wasserflächen wie der Schluchsee, die höchst gelegene Talsperre Deutschlands, und der Titisee bieten Erholung und Wassersportmöglichkeiten. Wer von den Seen aus nach Freiburg zurückfahren möchte, hat keinen leichten Weg vor sich: Zuerst muss man durchs Höllental, bevor man im Himmelreich ankommt. Da aber keine Teufeleien zu erwarten sind, kann man diese Schwarzwaldfahrt richtig genießen. Am schönsten ist die Strecke, wenn man sie mit der Höllentalbahn befährt, schließlich ist sie auf einer der steilsten Eisenbahntrassen Deutschlands unterwegs.

Ökologische Visionen

Einst galt Heinrich Gretzmeier als „Spinner vom Tuniberg", heute zählt sein Betrieb zu den renommierten Weingütern der Region. Warum Spinner? Nun, 1986 wurden Winzer, die streng nach ökologischen Richtlinien arbeiteten, von den Kollegen nicht wirklich ernst genommen.

Bei Heinrich Gretzmeier kam erschwerend hinzu, dass er als Winzer Autodidakt ist. Eigentlich ist der Merdinger Gärtnermeister, Fachrichtung Obstbau. Doch gerade dieses Wissen sollte ihm bei seinen Plänen für ein ökologisches Weingut den entscheidenden Vorteil bringen. „Sie können nur aus einem gesunden Rebstock einen guten Wein machen und dazu ist ein gesunder Boden notwendig", ist Gretzmeier überzeugt. „Die Begrünung ist ein wesentlicher Faktor des Bodenmanagements und da schließt sich wieder der Kreis, da bin ich wieder als Gärtner gefragt." Deshalb wachsen zwischen den Gretzmeierschen Reben am Merdinger Bühl Schneckenklee, Senf, Malven, Pfefferminze und noch viele andere Pflanzen, die den Boden lockern. Damit sie nicht etwa den Reben das Wasser und die Nährstoffe wegziehen, muss die Begrünung passend ausgetüftelt werden. Kein Problem für den Gärtnermeister.

Wachstum und Nachhaltigkeit

Die Zeiten, in denen Heinrich und Elvira Gretzmeier mit ihrem ältesten Sohn Titus im Kinderwagen in den Weinberg zogen, um ihren halben Hektar Rebfläche zu bewirtschaften, sind lange vorbei. Nicht nur, weil Titus – der übrigens auch Winzer wird – inzwischen erwachsen ist. Die

jetzt mehr als zehn Hektar Fläche erfordern deutlich mehr zupackende Hände. Die von Heinrich Gretzmeier sind noch immer dabei. „Klar, ich könnte mich bei dieser Betriebsgröße auf die Arbeit im Weinkeller konzentrieren, aber ab und zu muss ich einfach auch mal schmutzige Hände haben", erzählt der umtriebige Winzer mit seinem verschmitzten Lächeln.

Im Weinkeller hat der Begriff Nachhaltigkeit bei den Gretzmeiers in jüngster Zeit eine neue Bedeutung bekommen. Jakob Gretzmeier, Techniker für Weinbau und Oenologie, ist in den elterlichen Betrieb als Kellermeister eingestiegen und hat umgehend als bester deutscher Jungwinzer in der Kategorie „Weiße Burgundersorten national trocken" von sich reden gemacht.

Schwerpunkt Burgunder

Auf den Burgunderweinen, die auf den lössbedeckten Kalkböden des Merdinger Bühl besonders gut gedeihen, liegt auch der Schwerpunkt der Weinproduktion. 60 Prozent machen dabei die Rotweine aus, vorneweg der Spätburgunder. Einen Namen machte sich Gretzmeier schon früh mit seiner roten Cuvée „Zwulcher" mit 80 Prozent Regent, 15 Prozent Blauem Spätburgunder und 5 Prozent Cabernet, lange bevor die Cuvées überhaupt in Mode kamen. „Zwulcher" bedeutet

Heinrich Gretzmeier ist seit 1986 Winzer aus Leidenschaft. Er baute das Öko-Wein- und Sektgut Gretzmeier auf.

Familie Gretzmeier mit einem guten Tropfen
aus eigener Produktion im Weinkeller.
Ernte im Öko-Weinberg

Fakten & Informationen

....

Öko Wein- und Sektgut Gretzmeier, Wolfshöhle 3,
79291 Merdingen, Tel. 07668 9 42 30, www.gretzmeier.de;
Mo.–Fr. 8.00–18.30, Sa. 8.00–16.00 Uhr. Straußwirtschaft
Mitte März–Anf. Mai und Mitte August–Ende Oktober,
Mo.–Fr. ab 17.00, So. und Fei. ab 16.00 Uhr.

im Alemannischen so viel wie grober
Leinenstoff und ist auch der Name
der Merdinger Narrenzunft.

So experimentierfreudig sich der
Winzer beim Zwulcher zeigte, so tra-
ditionsbewusst ist Gretzmeier, wenn
es um den Ausbau der Rotweine geht.
Nach der Maische-Gärung liegen sie
mindestens 24 Monate im Fass, wenn
die Qualität stimmt, auch im Bar-
rique-Fass. Weinausbau braucht Zeit,
ebenso wie die Natur, die die Familie
Gretzmeier nicht nur durch ökologischen Weinbau pflegt, sondern auch
durch die Anpflanzung von Hecken
als Nahrungsquelle und Unterschlupf
für Vögel. Eine Walnussplantage soll
nicht nur feines Öl für die Straußwirtschaft liefern, sondern irgendwann
auch gutes Holz für den Möbelbau.
Ein Vermächtnis an die Kinder und
die Landschaft am Tuniberg.

Von der Sonne inspiriert

Dass dort die Sonne öfter und län-
ger scheint als in anderen Gebieten
Deutschlands, hat Heinrich Gretzmeier auf eine weitere Idee gebracht.
Für hochwertige Destillate muss ein
Brennkessel möglichst schnell auf
eine Temperatur von 78 Grad gebracht werden. Das braucht große
Mengen Holz, Öl oder Gas. Was wäre,
wenn man den Brennvorgang zum
geschlossenen Vakuum-Kreislauf machen und den Siedepunkt dadurch
auf 35 Grad senken könnte? Man
muss nicht mehr fragen, was wäre:
Mithilfe der hauseigenen Solaranlage
wurde die Idee umgesetzt. Das Ergeb-
nis sind äußerst aromatische Brände
und ein feiner Gin, die Gretzmeier
jetzt im Sortiment führt. Allerdings
muss – wegen der Sonne – jetzt im
Sommer und nicht mehr wie früher
im Winter gebrannt werden.

Alles, was das Haus Gretzmeier
produziert, kann in der hauseigenen
Straußwirtschaft verkostet werden,
die Elvira Gretzmeier mit Leidenschaft führt. Für alles, was sie nicht
selbst macht, hat sie Lieferanten aus
der Region, die nach ihren Wünschen
produzieren. Gut, dass es solche
„Spinner" wie die Gretzmeiers gibt,
die sich bei der Umsetzung ihrer Visi-
onen nicht aufhalten lassen.

Erlebnis Südbaden

Weinreben prägen die Landschaft am Kaiserstuhl und im Markgräflerland. Genuss wird hier ganz großgeschrieben, nicht nur, wenn es um Weine geht. Genussvoll sind auch die Wanderwege in den Weinbergen und im nahen Schwarzwald.

❶ Kaiserstuhl

Bis zu 557 m ragt das aus vulkanischer Aktivität im Oberrheingraben entstandene Kleingebirge aus dem Rheintal auf. Die Jahrmillionen alten Ergussgesteine wurden von herangewehten Lössschichten bedeckt, die einen fruchtbaren Boden bilden und den Weinbau begünstigen.

SEHENSWERT

Riegel, gerne als „Freiburg der Antike" bezeichnet, hatte in römischer Zeit als Verwaltungszentrum Bedeutung. Ein archäologischer Rundweg führt zu Fundstellen der Kelten- und Römerzeit sowie des frühen Mittelalters.

In **Endingen** erinnern das ehem. Kornhaus (1617; heute Rathaus), das barocke Haus Krebs am Marktplatz und das Museum im Üsenberger Hof an die vorderösterreichische Epoche der Stadt (Adelshof 20; April–Okt. Mo. bis Fr. 9.00–12.30 und 14.30–18.00, Sa. 10.00 bis 13.00, im Winter kürzer).

Im Naturschutzgebiet **Amolterner Heide** wachsen zahlreiche Orchideenarten. Das Fachwerkhaus „Zu den Fünf Türmen" in **Burkheim** zählt zu den schönsten des Kaiserstuhls und prägt das unter Denkmalschutz stehende Ensemble mit kleinen Bürgerhäusern aus dem 16. bis 19. Jahrhundert. Einmalig in Deutschland ist das Korkenzieher-Museum (Mittelstadt 18, www.korkenzieher.de; März–Okt. Mi.–Sa. 11.00–18.00 Uhr).

In Vogtsburg-**Niederrotweil** steht die älteste Kirche am Kaiserstuhl. Bereits 1157 wurde die Friedhofskirche St. Michael erwähnt.

In **Achkarren** lockt das Weinbaumuseum in einer ehem. Zehntscheuer (Schlossbergstraße; Palmsonntag bis 1. Nov. Di.–Fr. 14.00–17.00, Sa./So. 11.00–17.00 Uhr).

AKTIVITÄTEN

Am **Kaiserstuhl** TOPZIEL kann man wunderbar **wandern** – beispielsweise auf dem 16 km langen Nord-Süd-Weg von Endingen nach Ihrigen. Ungewöhnlich sind die Endinger Gässliwanderungen (April–Okt. Fr. 18.00 Uhr ab Marktplatz). Die Fahrt von Riegel nach Breisach mit dem historischen **Rebenbummler** dauert knapp 2 Std. (Eisenbahnfreunde Breisgau e.V., Lorettostraße 24a, 79100 Freiburg, www.rebenbummler.de; Mai–Okt.)

HOTEL UND RESTAURANT

200 Jahren Tradition hat die bodenständige badische Küche im € € € **Winzerhaus Reb-**

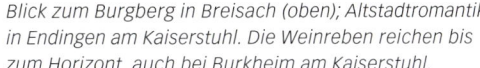
Blick zum Burgberg in Breisach (oben); Altstadtromantik in Endingen am Kaiserstuhl. Die Weinreben reichen bis zum Horizont, auch bei Burkheim am Kaiserstuhl.

stock (Badbergstraße 22, 79235 Vogtsburg-Oberbergen, Tel. 07662/93 30 11; Mo. und Di. Ruhetag,). Gegenüber befindet sich das Hotel und Restaurant **Schwarzer Adler**, das wie auch der Rebstock zum Weingut Franz Keller gehört (www.franz-keller.de).

INFORMATION

Kaiserstühler Verkehrsbüro, Adelshof 20
79346 Endingen, Tel. 07642/68 99 90
www.endingen.de

❷ Breisach

Schon ein bisschen abseits vom Kaiserstuhl liegt die Europastadt Breisach (14 700 Einw.), in der Frühzeit ein keltischer Fürstensitz. Im 15. Jh. wurde die Stadt zu einer der stärksten Festungen Europas ausgebaut, die aber 1793 von den Franzosen vollständig zerstört wurde. Im Zweiten Weltkrieg erneut in weiten Teilen in Schutt und Asche gelegt, wurde die Stadt innerhalb von zehn Jahren wieder aufgebaut.

SEHENSWERT

Wahrzeichen Breisachs ist das romanische **Münster St. Stephan** TOPZIEL (12.–15.Jh.),

das die Stadt überragt. Bekannt sind der geschnitzte Hochaltar (um 1525) und die Wandmalereien Martin Schongauers, 1491 in Breisach verstorben. Auf dem Münsterberg liegt der historische Stadtkern mit dem **Radbrunnenturm** (um 1200). Im Turm waren Rats-, Gerichts- und Folterstube untergebracht. Von den einst 30 Toren und Wehrtürmen der Stadt sind sechs erhalten. Das **Rheintor** wurde 1675 als Triumphportal am östlichen Ende der damaligen Rheinbrücke erbaut und zählt zu den beeindruckendsten barocken Festungstoren (heute **Kaiserstuhlmuseum**, Rheintorplatz 1; Di.–Fr. 14.00–17.00, Sa., So. und Fei. 11.30 bis 17.00 Uhr). In Breisach hat der **Badische Winzerkeller** seinen Sitz, eine der großen Erzeuger-Kellereien Europas (Zum Kaiserstuhl 16, Tel. 07667/90 00, www.badischer-winzerkeller.de; Kellerführungen mit Weinprobe Di. und Do. 14.30 Uhr; April–Sept. auch So.).

AKTIVITÄTEN

Von Breisach aus sind von April bis Dez. **Rheinfahrten** möglich (BFS Breisacher Fahrgastschifffahrt, Rheinuferstraße/Schiffsanlege-

stelle Brücke 2, 79206 Breisach, Tel. 07667/
94 20 10, www.bfs-info.de), die sich mit der
Museumseisenbahn Rebenbummler kom-
binieren lassen (s. Kaiserstuhl). Radler führt der
Kaiserstuhl-Radwanderweg durch Weinorte
an Kaiserstuhl und Tuniberg (64 km; www.
kaiserstuhl.com).

INFORMATION
Tourismusbüro Naturgarten Kaiserstuhl,
Marktplatz 16, 79206 Breisach,
Tel. 07667/94 26 73,
www.naturgarten-kaiserstuhl.de,
http://tourismus.breisach.de

(Schneeschuh-) Wanderer auf dem Schauins-
land (oben) und im Weinberg (oben rechts);
Kloster St. Trudpert im Münstertal

③ Staufen

Erstmals wurde das von seinem Schlossberg
überragte Breisgauer Mittelzentrum (7700
Einw.) 770 erwähnt. Lange war Staufen wegen
Rissen an Gebäuden der denkmalgeschützten
historischen Altstadt als Folge von Geother-
miebohrungen in den Schlagzeilen.

SEHENSWERT
Über dem Städtchen Staufen erhebt sich weithin sichtbar die **Burgruine**. Im autofreien
Ortskern steht am Marktplatz das spätgotische
Rathaus (Urspr. 1546) mit dem Stadtmuseum
(Aschermittwoch–Nov. Mo. 8.00–18.00, Di.–Fr.
8.00–12.00, Di. und Do. 14.00–16.30, So. 15.00
bis 18.00 Uhr) und das **Gasthaus Löwen**, in
dem der Teufel 1539 Dr. Faust den Hals um-
gedreht haben soll. Im **Keramikmuseum**
sind original erhaltene Töpferwerkstatt
sowie Wechselausstellungen zeitgenössischer Keramiker (Wettelbrunnerstraße 3,

Tipp

Etwas für Gartenfreunde
....
Zwei besondere Gärten erwarten Naturliebhaber im Markgräflerland. In Sulzburg wachsen rund 3000 Arten und
Sorten winterharter Gartenstauden.
Spezialitäten sind Schwert- und Tag-
lilien, Pfingstrosen und Türkenmohn. Das
Landhaus Ettenbühl ist auf Rosen
spezialisiert. Eine ca. 5 ha große Parkan-
lage im englischen Stil umfasst verschiedene Themengärten. Wer will, kann sein
Rosen-Wissen in Workshops vertiefen.

Staudengärtnerei Gräfin
von Zeppelin, Weinstraße 2,
79295 Sulzburg-Laufen,
Tel. 07634/55 03 90,
www.graefin-von-zeppelin.de
Landhaus Ettenbühl,
79415 Bad Bellingen-Hertingen,
Tel. 07635/82 79 70,
www.landhaus-ettenbuehl.de

www.landesmuseum.de; Feb.–Nov. Mi.–Sa.
14.00–17.00, So. ab 12.00 Uhr) zu sehen.

HOTELS
Wunderbar am Schauinsland liegt € € **Die**
Halde (79254 Oberried-Hofsgrund, Tel.
07602/9 44 70, www.halde.com).
Das € € **Spielweg** in herrlicher Landschaft
verteilt seine Zimmer auf mehrere Gebäude
(Spielweg 61, 79244 Münstertal,
Tel. 07636/70 90, www.spielweg.com).

UMGEBUNG
Bad Krozingen besitzt eines der schönsten
Thermalbäder Südbadens, die Vita-Classica-
Therme mit bis zu 36 °C (www.bad-krozingen.
info; tgl. 8.30–23.00 Uhr).
Das **Münstertal** ist Tal und Gemeinde zugleich. Keimzelle war das Kloster St. Trudpert,
im 9. Jh. aus einer Einsiedelei eines irischen
Missionsmönchs entstanden. Das nach Zerstö-
rungen im Dreißigjährigen Krieg erbaute helle
Kirchenschiff mit acht prunkvollen Altären ist
ein Meisterwerk barocker Baukunst.
(1712/1716). Im Besucherbergwerk Teufelsgrund kann man die 1958 geendete 1000-jäh-
rige Bergbaugeschichte des Münstertals ver-
folgen (www.besuchsbergwerk-teufelsgrund.
com; April–Okt. Di., Do. und Sa. 10.00–16.00,
So. und Fei. 13.00–16.00, Juli und Aug. auch Mi.
und Fr. 13.00–16.00 Uhr).
Auch der **Schauinsland** TOPZIEL (1284 m) hat
eine Bergbauvergangenheit. Darüber hinaus
bietet die Bergwelt Schauinsland eine Vielzahl
von Freizeitangeboten (s. Seite 34).
Über das Wiedener Eck führt die Münstertal-
straße hinauf zum **Belchen** (1414 m). Der
vierthöchste Schwarzwaldgipfel verspricht einen grandiosen Blick zu den Alpen und den Vogesen (Seilbahn ab Obermulten, www.belchen
-seilbahn.de; tgl. 9.00–17.00 Uhr).

INFORMATION
Zweckverband Breisgau-Süd Touristik, Wasen
47, 79244 Münstertal, Tel. 07636/7 07 40,
www.muenstertal-staufen.de

④ Müllheim

Müllheim (18 500 Einw.) – seinen Namen hat es
von einst zahlreichen Mühlen – ist das geogra-
fische und kulturelle Herz des Markgräflerlandes. Die Stadt entwickelte sich im 17. Jh.
durch den Weinhandel. Seit 1872 findet am
letzten Fr. im April der älteste badische Wein-
markt statt.

SEHENSWERT
Die **Martinskirche** mit Freskenmotiven des
Jüngsten Gerichts (14. Jh.) ist das kulturhis-
torisch bedeutsamste Gebäude der Stadt;
heute dient die Kirche als Konzertsaal. Direkt
am Marktplatz steht das klassizistische Blan-
kenhorn-Palais (um 1780) mit dem **Mark-**
gräfler Museum (Wilhelmstraße 7, www.
markgraefler-museum.de; Di.–So. 14.00–18.00
Uhr); gezeigt werden Sammlungen zu Weinbau,
Regionalgeschichte und zur Kunst am südl.
Oberrhein.

AKTIVITÄT
Alle zwei Jahre (wieder 2019) feiern die Markgräfler an **Christi Himmelfahrt** ein Fest zu
Ehren des Gutedels auf der Badischen Weinstraße zwischen Staufen und Müllheim.

HOTEL UND RESTAURANT
Ein badisches Gasthaus, bei dem einfach alles
stimmt: Die € € / € € € **Krone** in Mauchen.
Dunkle Eichentische, badische Spezialitäten
und hervorragende Weine vom benachbarten
Weingut Lämmlin-Schindler (Müllheimer

Der Belchen verspricht einen
grandiosen Blick zu den
Alpen und den Vogesen.

Straße 6, 79418 Schliengen-Mauchen, Tel. 07635/98 99, www.krone-mauchen.de; Mo. und Di. Ruhetag).

UMGEBUNG

Im Museum Villa Urbana in **Heitersheim** wird um eine ausgegrabene Villa aus dem 1. Jh. die Zeit der Römerherrschaft lebendig (April bis Anfang Nov. Di.–Sa. 13.00–18.00, So. und Fei. 11.00–18.00 Uhr). In den Kellergewölben des ehem. Kanzleigebäudes des Malteserschlosses (um 1750) wird die Geschichte von Schloss und Orden dokumentiert (www.schloss-heitersheim.de; Ende März–Anf. Nov. Mi. und Sa. 13.00–18.00, So. und Fei. 11.00–18.00 Uhr). Durch Weinberge führt der Weg nach **Sulzburg** mit dem Landesbergbaumuseum in der ehem. Stadtkirche (Marktplatz; Di.–So.14.00 bis 17.00 Uhr). Vom Museum führt ein 5 km langer Rundwanderweg an Stollen und bergbaugeschichtlichen Plätzen vorbei.

Die Thermalquellen in **Badenweiler** nutzten schon die Römer im 1. Jh. n. Chr. An die Cassiopeia-Therme (www.badenweiler.de; tgl. 9.00–22.00 Uhr, Sauna ab 11.00 Uhr) schließt sich unterhalb der Burgruine der Kurpark mit beinahe mediterraner Vegetation an. Vom römischen Aquae Villae blieben Bäderruinen (tgl. 10.00–19.00, Nov.–März bis 17.00 Uhr).

INFORMATION

Werbegemeinschaft Markgräflerland, Bismarkstraße 3, 79379 Müllheim, Tel. 07631/80 15 00, www.markgraefler-land.com

⑤ Kandern

Der 8100-Einw.-Ort war im Mittelalter für Eisenerzbergbau bekannt und ist seit dem 16. Jh. ein Zentrum der Töpferei. 1848 fand in Dorfnähe eine der wesentlichen Schlachten der Badischen Revolution statt.

SEHENSWERT

Der **Blumenplatz** ist eine schöne klassizistische Platzanlage. Im **Heimat- und Keramikmuseum** sind neben der Geschichte des Töpferhandwerks auch Werke bekannter Keramikkünstler zu finden (Ziegelstraße 30; April bis Okt. Mi. 15.00–17.30, So. 10.00–12.30 und 14.00–16.00 Uhr).

UMGEBUNG

Richtung Rhein liegt **Bad Bellingen**; auch hier hat heilendes Thermalwasser Ort und Geschichte geprägt (www.balinea.de; tgl. 9.00 bis 22.00, Sauna ab 10.00 Uhr).

Nördl. steht das schöne spätbarocke **Schloss Bürgeln** mit traumhaftem Ausblick und schönem Rosenpark (www.schlossbuergeln.de; Führungen März–Okt. tgl. 11.00, 12.00, 14.00, 15.00 und 16.00, sonst Sa. und So. 14.00, 15.00 und 16.00 Uhr).

INFORMATION

Tourist-Information, Hauptstraße 18, 79400 Kandern, Tel. 07626/97 23 56, www.kandern.de

Genießen   Erleben   Erfahren

Durch die Lössgassen

DuMont Aktiv

Wandern am Kaiserstuhl ist immer ein Erlebnis: Orchideenblüte im Frühling, südländisch anmutende Sommertage, bunte Rebhänge im Herbst und klare, weite Ausblicke im Winter. Durch die schönste Lösshohlgasse des Kaiserstuhls und über dessen höchste Erhebung, den Totenkopf, führt eine Rundwanderung ab Bickensohl.

Steil ragen die gelben Wände rechts und links der Eichgasse nach oben und geben nur ein schmales Stück vom blauen Himmel frei. Insekten schwirren durch die Luft und verschwinden in den Schlupflöchern des weichen Lössbodens. Reste alter Vorratskeller, seltene Pflanzen und Nistmulden für Vögel finden sich rechts und links der schönsten Lössgasse des Kaiserstuhls. Flugsande aus der Kälteperiode der Eiszeit lagerten sich am Kaiserstuhl ab, teilweise bis zu 30 Meter hoch, in die sich über Jahrhunderte hinweg Wirtschaftswege eingegraben haben. Viele von ihnen sind vor allem in den 1970er-Jahren im Zuge der großflächigen Terrassierung der Rebflächen verschwunden, doch die mittlerweile unter Naturschutz stehende Eichgasse blieb glücklicherweise erhalten. Der Weg führt aus der Hohlgasse heraus weiter durch Rebzone und Wälder zum Totenkopf (557 m) mit einer grandiosen Um- und Aussicht.

Zurück geht es durch Reben, Wiesen und Wald mit immer wieder neuen Aussichten und kurz vor Bickensohl nochmals durch einen Hohlweg, die Lössgasse Bitzingen.

Weitere Informationen

Ausgangspunkt der Rundwanderung ist der kleine Winzerort Bickensohl.
Wegstrecke: ca. 10,5 km, Abkürzungen sind möglich. Darüber hinaus bietet die Region zahlreiche weitere Themenpfade an.

Broschüre und Wanderkarte sind erhältlich beim Tourismusbüro Naturgarten Kaiserstuhl, Marktplatz 16, 79206 Breisach, Tel. 07667/94 26 73, www.naturgarten-kaiserstuhl.de

Die Wände der Lössgassen im Kaiserstuhl sind steil. Im Bild die Eichgasse bei Bickensohl

Fachwerk-romantik und große Kunst

Hochkarätig der Isenheimer Altar, hochkarätig die mittelalterliche Baukunst, hochkarätig der Genuss in Weinstuben und in Restaurants – was Colmar zu bieten hat, beschreibt man am besten mit Superlativen. Dabei ist die Stadt urgemütlich geblieben und macht elsässische Traditionen erlebbar. Auch der Storch darf nicht fehlen: Auf so manchem Dach brüten die prächtigen Vögel, und in Plüsch stehen sie vor den zahlreichen Souvenirläden der Stadt.

Colmars Schmuckstück:
Klein-Venedig im abendlichen Lichterglanz

Colmar ist zwar die drittgrößte Stadt des Elsass, wirkt aber nicht nur an
der Place de l'Ancienne Douane eher wie eine Puppenstube.

Einblicke in die Altstadtgassen: Hinter dem
Treppentürmchen des Pfisterhauses ragt die
Martinskirche auf (links). Jedes Fachwerkhaus
ist ein Kunstwerk für sich (rechts).

Zwischen Karlsruhe und Basel, zwischen Schwarzwald und Vogesen gibt es wohl kaum einen Anbieter von Busreisen, der nicht einen Tagesausflug nach Colmar im Programm hat. Täglich steuern zahllose Busse die Hauptstadt des Mittelelsass an, bringen ihre Gäste meist direkt zum Unterlindenmuseum, wo der weltberühmte Isenheimer Altar gezeigt wird, und entlassen sie dann in eine der größten Fußgängerzonen Europas. Colmar ist ein Magnet für Besucher der nahen und fernen Umgebung, und das zu Recht. Es ist eine der schönsten Städte des Elsass mit romantischen Gassen und alten Fachwerkhäusern, mit Bauten aus der Renaissance und Wasserwegen, die entfernt an Venedig erinnern.

Das historische Zentrum Colmars bietet ein hervorragendes Bild mittelalterlicher Bauweisen und steht deshalb unter Denkmalschutz. In den alten Gebäuden haben sich traditionelle und moderne Geschäfte niedergelassen. Alte Weinstuben mit Speisekarten, auf denen traditionell Flammkuchen und elsässisches Sauerkraut angeboten werden, sind hier zu finden und Bistros, die leichte Küche für eine kurze Mittagspause anbieten. Auf alle Fälle sitzt man gern draußen, sobald es das Wetter erlaubt. Mediterranes Lebensgefühl stellt sich beim sommerlichen Bummel durch die Altstadt ein. Im Winter zieht man sich gern in Cafés und Bistros zurück, um bei einem Kaffee das Neueste zu diskutieren.

Elsässische Weinhauptstadt

Colmar ist das elsässische Weinbauzentrum mit einer jährlich stattfindenden Weinmesse, die als Gäste auch die badischen Winzer anzieht. Das Elsass und Korsika sind die einzigen Regionen in Frankreich, in denen der sogenannte Regionalrat des Nationalen Instituts für gesetzlich bestimmte Herkunftsbezeichnungen INAO seine Beschlüsse unabhängig von Paris treffen darf – für das zentralistisch regierte Frankreich eine

In der Rue des Marchands befindet sich das im 15. Jahrhundert errichtete Haus Zum Kragen.

„Café au Croissant Doré" in der Rue des Marchands: ein idealer Ort,
um dem geschäftigen Treiben auf der Straße gelassen zuzusehen

Geranien, Fachwerk, dunkles Holz: Diese typischen Zutaten
Colmars finden sich auch in der Rue des Marchands.

Den Glauben an die Heilkräfte der Religion demonstriert der Isenheimer Altar.
Er allein ist schon eine Reise ins Elsass wert.

Matthias Grünewald

Special

Große Nähe zum einfachen Volk

Wer dieser Mathis Gothart Nithart, von den Kunsthistorikern Matthias Grünewald (um 1480–1528) genannt, wirklich war, weiß niemand. In Würzburg geboren, gilt er neben Albrecht Dürer und Bernhard Strigel als bedeutendster Vertreter der deutschen Renaissance.

Das einzige Zeugnis über Grünewalds religiösen und sozialen Standort gibt sein Werk. Der Künstler, der seinen Lebensunterhalt über Jahre auch als Hofbeamter in Aschaffenburg und als Wasserbauhandwerker verdiente, war stark mit dem einfachen Volk verbunden, das ihm für seine Gemälde Modell stand.

In Colmar ist Grünewalds Hauptwerk, der Isenheimer Altar, zu sehen. Dieser dreifache Wandaltar mit zehn Tafelbildern und doppelten Flügeltüren zählt zu den bedeutendsten Kunstwerken des 16. Jahrhunderts. Grünewald hat ihn für das Antoniterkloster in Isenheim geschaffen.

Die Antoniter behandelten dort am „Antoniusfeuer" erkrankte Menschen. Dessen Auslöser ist der Mutterkornpilz, der zu Darmkrämpfen, Verwirrtheit, Wahnvorstellungen, Absterben von Gliedmaßen bis hin zum Tod führt. Im Mittelalter war der Mutterkornpilz ein weit verbreiteter Brotgetreide-Parasit und wurde oft unwissentlich mit dem Brot verzehrt. Vor Beginn der medizinischen Behandlung durch die Klosterbrüder wurden die Kranken in Isenheim vor den Altar geführt, in der Hoffnung, der hl. Antonius könne eine Wunderheilung vollbringen. Auf den Tafeln sind Schlüsselszenen christlichen Glaubens dargestellt. Die Kreuzigungsdarstellung ist eine der schauerlichsten in der abendländischen Kunst.

Paul Hindemith hat dieser schillernden Künstlerpersönlichkeit eine Oper gewidmet: „Mathis der Maler", uraufgeführt 1938 in Zürich.

sehr bemerkenswerte Tatsache. Neben dem Institut hat auch das Komitee der Elsässer Weine, in dem zahlreiche Winzergenossenschaften, Weinhändler und Genossenschaftswinzer vereint sind, seinen Sitz in Colmar. Schon im Mittelalter verschickten die Weinhändler des Elsass ihre Produkte nach ganz Europa. Heute hätten sie gern, dass Colmar sich stärker als Weinstadt präsentiert und nicht so sehr auf die Museen abhebt. Einmal im Jahr steht Colmar allerdings fast ausschließlich im Zeichen des Weins. Rund 250 000 Besucher probieren und kaufen bei der Weinmesse edle Tropfen und solche für den Alltag und genießen das reichhaltige kulturelle Angebot, das anlässlich dieses sommerlichen Höhepunkts geboten wird.

Ein Hort der Kunst

Auch wenn die Winzer den Wein gern mehr betont hätten, Colmar ist und bleibt vor allem wegen eines Kunstwerkes berühmt, einem Hauptwerk abendländischer Kultur. Den Isenheimer Altar sollte jeder gesehen haben, der nach Colmar kommt! Vom Unterlinden-Museum aus gelangt man schnell in die Stadt, zu den zahlreichen bemerkenswerten Bauwerken wie zum Beispiel dem Maison des Têtes, dem Kopfhaus, das mit mehr als 100 Köpfen geschmückt ist. Dort hat-

Aus Colmar nicht wegzudenken: Kulinarische Genüsse aller Art,
vorneweg köstliche Pâtisserie

Der mit Rosinen und Mandeln aromatisierte Gugelhupf
zählt zu den Elsässer Klassikern.

Elsässer Spezialitäten: Fündig wird man zum Beispiel bei Delikatessen-Vincent in der Rue des Boulangers ...

... oder auf der Weinmesse in Colmar, die aber auch als Rockfestival hunderttausende Besucher in die Stadt lockt.

ten im 19. Jahrhundert elsässische Weinbauern eine Weinbörse gegründet, die nicht nur für den Handel gedacht war, sondern auch, um gemeinsam ein Glas zu trinken und über den Lauf der Geschäfte zu diskutieren. In der benachbarten Dominikanerkirche ist ein weiteres Kunstwerk ausgestellt, für das sich der Weg nach Colmar lohnen würde, wenn nicht schon so viele andere Gründe für einen Besuch in diesem großen Freilichtmuseum sprechen würden: die meisterliche spätgotische „Madonna im Rosenhag". Sie ist das früheste Gemälde des um 1450 in Colmar geborenen Künstlers Martin Schongauer.

Unterwegs ins Mittelalter

Etwas außerhalb der Fußgängerzone liegt eine weitere Besonderheit Colmars: La Petite Venise oder Klein-Venedig, ein romantisch anmutendes Viertel, das beispielhaft restauriert am kleinen Fluss Lauch liegt. Mit Booten lässt es sich ab dem Pont St-Pierre erkunden oder zu Fuß entlang der Rue de la Poissonnerie, wo einst Fische gehandelt wurden. An der Markthalle vorbei werden die Häuser noch höher und schmaler, um die Dachböden luftig zu halten, sollten hier doch Tierhäute trocknen. Man ist ins Gerberviertel gekommen, wo bis vor 200 Jahren Felle und Leder Lebensgrundlage waren.

Eine weitere Besonderheit Colmars ist La Petite Venise, ein romantisches Viertel am kleinen Fluss Lauch.

Wer die Hauptattraktionen der Stadt gesehen hat, sollte sich zwischen reichverziertem Fachwerk und bunten Blumenkübeln treiben lassen und die sich dabei immer wieder eröffnenden wunderschönen Perspektiven genießen.

SPARGEL

Ein königliches Gemüse

Die Bedingungen sind für den Spargel im Dreiländereck ideal: Fruchtbare Böden in der Rheinebene und mildes Klima machen die Gegend zur Hochburg des „königlichen" Gemüses. Im Elsass gibt es sogar eine Spargelbruderschaft.

Die Köpfe müssen fest geschlossen sein, die Stangen sollen quietschen, wenn man sie aneinanderreibt, und wenn man sie aneinanderschlägt, muss ein heller Ton erklingen. Wenn dann noch der Anschnitt glatt, etwas feucht und nicht faserig ist, dann steht fest, dass man frischen Spargel in Händen hält, vielleicht erst vor wenigen Stunden gestochen. Dieser Test ist vor allem für elsässische und Schweizer Kunden wichtig, da sie im Gegensatz zu den badischen Käufern mehr auf den Lebensmitteleinzelhandel setzen. Die Badener bevorzugen es, beim Spargelbauern direkt einzukaufen und haben dadurch eher eine Frischegarantie. Jeder zweite Haushalt in Deutschland kauft nach einer statistischen Erhebung im Frühjahr frischen Spargel ein – im Markgräflerland und am Tuniberg sind es bestimmt einige mehr.

Ökospargel ist gefragt

Die große Nachfrage nach den weißen Stangen hat dazu geführt, dass sich die Anbaufläche für Spargel in diesem Gebiet in den vergangenen Jahren verdoppelt hat, zwischen Tuniberg und Bad Krozingen an manchen Stellen sogar versechsfacht. Da lohnt es sich, hinzuschauen, woher der Spargel kommt, denn er nimmt sein Umfeld mit in den Kochtopf und schmeckt entsprechend, wie der

ökologische Spargelbauer Klaus Vorgrimmler aus Munzingen betont. Bei ihm wird nur organisch gedüngt, das heißt mit Kuhmist, dessen Mikroorganismen das Bodenleben vitalisieren und fördern. Man sollte das nicht überbewerten, aber ein organisch gedüngter Spargel kann leichter diesen typischen zarten, feinherben Geschmack entwickeln, wogegen mit Kunstdünger gepflegter Spargel oftmals langweiliger schmeckt. Außer Wasser – und von dem auch nicht zu viel – und ein paar wenigen Gewürzen, vielleicht einem Schuss Zitronensaft, braucht der Spargel eigentlich nicht viel, um sein typisches Aroma zu entfalten.

Eine alte Heilpflanze

Auf den fruchtbaren Böden der Rheinebene gedeiht das weiße Gemüse aus der Familie der Liliengewächse schon seit Langem und wurde in seiner wilden Form auch als Heilpflanze eingesetzt. Ursprünglich kommt er aus dem östlichen Mittelmeerraum. Als Erste haben die Ägypter Spargelpflanzen im Nildelta kultiviert, von wo aus sie in der Antike nach Griechenland und Italien kamen, wo die Römer den Spargel bereits so anbauten, wie wir es heute kennen: in hügeligen Reihen, die sich über die Felder ziehen.

Was die Römer nicht kannten, sind die Folien, die heute ab dem zeitigen Frühjahr die Spargelfelder

Unter Folie erwacht der Spargel noch früher aus dem Winterschlaf (oben). Die Ernte bleibt eine anstrengende Knochenarbeit (unten).

Höchste Zeit zur Spargelernte!

Die steigende Nachfrage nach Spargel hat in den letzten Jahren zu einer Verdoppelung der Anbaufläche geführt.

In der Falkenstube des
Freiburger „Colombi
Hotels" werden feine
Spargelgerichte serviert.

überspannen. Zu Beginn zeigt deren schwarze Seite nach außen, um die Wärme der ersten Sonnenstrahlen in den Boden zu leiten, danach zeigt sich die weiße Seite der Folie, die den Lichteinfall und den Wuchs des Unkrauts reguliert. Und woran die Römer in ihren kühnsten Träumen bestimmt nicht gedacht haben, ist „fußbodenbeheizter" Spargel, der die lukrative Erntesaison um rund zwei Wochen nach vorn verlängert. Spargel wächst sehr schnell, etwa drei bis fünf Zentimeter pro Tag und muss deshalb immer rechtzeitig gestochen werden. Mit Fingerspitzengefühl tasten die Erntehelfer den Boden ab und

holen mit einem speziellen Stechmesser die Stangen heraus. Sobald die Spargelköpfe ans Licht kommen, werden sie nämlich violett – und bitter. Gewaschen und sortiert wird die Ernte dann auf dem Hof. Stangen mit mindestens 12 Millimeter Durchmesser gehören zur Klasse „extra", ab zehn Millimeter zur Klasse „eins" und ab mindestens acht Millimeter zur Klasse „zwei". Ist die Zeit des Stechens zu Ende – Johanni ist Pflichttermin –, wächst sich der Spargel zu einer feinblättrigen, reich verzweigten Pflanze aus, die bis zu anderthalb Meter groß werden kann. Im Herbst trägt sie dann rote Beeren.

Fröhliche Spargelbrüder

Vermutlich wohnen die meisten französischen Spargelfreunde im Elsass. Von ihrem Anbaugebiet Village-Neuf, ganz in der Nähe von Basel, profitieren auch die Schweizer. Da die Franzosen gern eine Confrérie, eine Bruderschaft, gründen, wenn sie von etwas Kulinarischem begeistert sind, wundert es wenig, dass es in Village-Neuf seit dem Jahr 1985 eine Confrérie des Asperges gibt, eine Spargelbruderschaft. Der erste Artikel ihrer Satzung lautet: „Mitglied der Spargelbruderschaft kann nur werden, wer fröhlich ist, Spargel liebt, etwas von gutem Wein versteht, Gentleman oder Verehrerin des männlichen Geschlechts ist."

Fakten & Informationen

. . . .

Spargelkonsum

Die Deutschen sind beim Spargelkonsum Spitze in Europa. Ein Kilogramm Auslandsspargel und 1,4 Kilogramm Inlandsspargel verzehrt statistisch gesehen jeder pro Jahr. Die Schweizer sind ähnlich begeisterte Spargelesser, aber bei den Franzosen kauft nur jeder dritte Haushalt überhaupt Spargel. Der insgesamt zunehmende Spargelkonsum ist auch dem Grünspargel zu verdanken.

Spargelsaison

Sie beginnt je nach Witterung Anfang/Mitte April und endet an Johanni, also dem 24. Juni. Der Tag wird bei den Spargelbauern auch „Spargelsilvester" genannt. Eine Eselsbrücke bietet die alte Bauernregel: „Kirschen rot, Spargel tot."

Mit der regionstypischen Beilage „Kratzete" und mit zerlassener Butter ist das Spargelgericht ein badischer Klassiker.

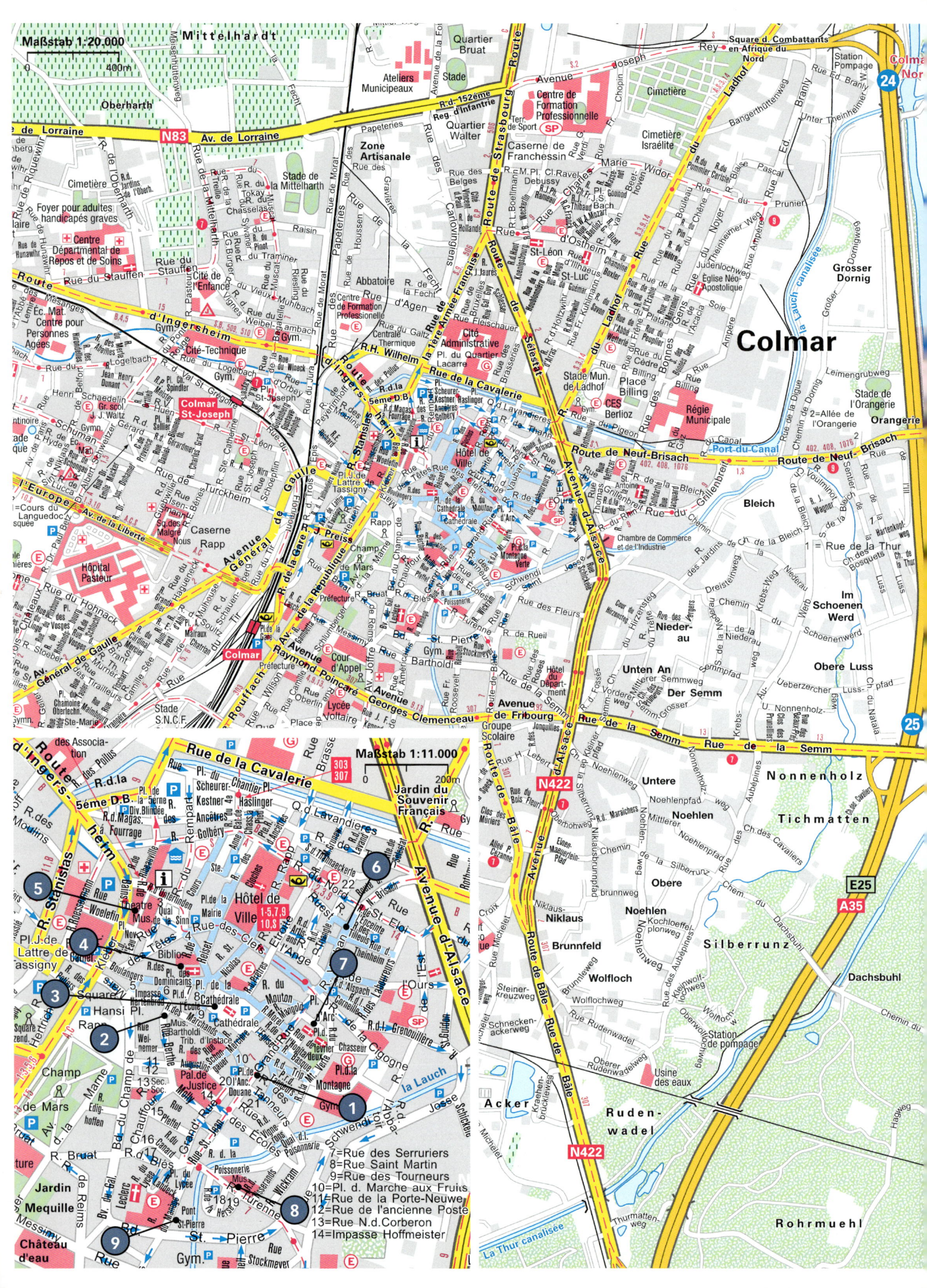

Viel mehr als Kunst

Colmar nannte sich einst Columbarium, Taubenhaus. Heute spielen Tauben nur noch eine untergeordnete Rolle in der Stadt. Touristisch stellen die historischen Gebäude den größten Schatz der Stadt dar – neben Kunstwerken von überragendem Rang, allen voran dem Isenheimer Altar im Unterlinden-Museum.

Allgemein

Colmar ist mit 69 200 Einw. nach Straßburg und Mulhouse die drittgrößte Stadt im Elsass und Hauptstadt des Département Haut-Rhin (Oberrhein). Nachdem Kaiser Friedrich II. das 823 erstmals genannte Colmar 1226 zur Freien Reichsstadt erhoben hatte, konnte es sich zu einem bedeutenden Handelsplatz im Oberelsass entwickeln. Ab 1678 gehörte es zu Frankreich. Von 1871 bis 1919 war die seinerzeit für ihre Textilproduktion bekannte Stadt deutsch, dann wieder französisch. 1940 besetzten deutsche Truppen das Elsass. Colmar blieb von den Kämpfen während des Zweiten Weltkriegs weitgehend verschont, sodass die historischen Gebäude heute von Reichtum und Bedeutung der Stadt erzählen können. Colmar war die erste Stadt in Frankreich, die ihre architektonischen Schätze ins rechte Licht setzte. 900 computergesteuerte Lichtquellen sind über die Stadt verteilt und so installiert, dass sie architektonische Besonderheiten an Häusern und in Gassen beleuchten. Bei Einbruch der Dämmerung beginnt der Lichter-

Prächtige Fassade: Maison des Têtes;
Fachwerk am Ufer des Flusses Lauch;
Bootstour durch Colmars „Klein-Venedig"

Tipp

Und dazu ein Riesling ...

Man isst ihn zum Wein und manche auch zum Kaffee, er ist weder richtig süß noch salzig: der Gugelhupf, der in jeder Bäckerei und in den vielen Spezialgeschäften für kulinarische Leckereien in Colmar und im Elsass angeboten wird, ist ein Napfkuchen aus Hefeteig mit Rosinen, eine süddeutsche Spezialität. Er wird in einer besonderen Form gebacken, die in der Mitte eine kaminartige Öffnung hat. Mehl, Eier, Milch, Zucker, etwas Salz, Butter, Mandeln, Rosinen und Hefe gehören zu einem guten Gugelhupf. Wichtig ist, dass alle Zutaten Zimmertemperatur haben, damit ein duftig leichter Kuchen entsteht, den die Elsässer vor allem zum Riesling schätzen.

zauber, je nach Jahreszeit in unterschiedlichen Farben und Stimmungen. Fr., Sa. und bei herausragenden Ereignissen wie dem Musikfestival, der Weinmesse oder zur Weihnachtszeit lenken dynamische und statische Lichtquellen das Auge des Besuchers auf die Besonderheiten der Stadt.

INFORMATION
Touristeninformation Colmar, Place Unterlinden, F-68000 Colmar, Tel. 0033 (0)389 20 68 92, www.tourisme-colmar.com

Sehenswert

Die von diversen historischen Bauten gesäumte **Grand Rue** durchzieht die beachtenswerte Altstadt und führt zum Obstmarkt und damit zur ➊ **Ancienne Douane** oder zum Koifhus (Altes Kaufhaus), wie die Elsässer sagen. Es ist das älteste öffentliche Gebäude der Stadt. 1480 gebaut und später erweitert (16. bis 18. Jh.), war es wirtschaftliches und politisches Zentrum. Im Erdgeschoss befanden

sich Warenlager und Zollhallen. Im ersten Stock lagen die Versammlungsräume für die Abgeordneten des 1354 von zehn elsässischen Reichsstädten gegründeten Zehnstädtebundes (bis 1648); die Fenster des einstigen Sitzungssaals zeigen noch die Wappen der Städte. Geht man durch den Torbogen, kommt man zum **Schwendibrunnen** auf dem gleichnamigen Platz, der dem kaiserlichen Berater und Feldherrn Lazarus von Schwendi (1522–1584) gewidmet ist; der Bildhauer Fréderic Auguste Bartholdi (1834–1904) hat diesen Brunnen 1898 geschaffen – wie auch die Schongauer-Skulptur (1863) im Unterlinden-Museum. Berühmt wurde Bartholdi mit einem anderen Werk: der Freiheitsstatue im New Yorker Hafen, einem Geschenk Frankreichs (1886) an die Vereinigten Staaten zum Unabhängigkeitsjubiläum.

Über die Rue des Marchands gelangt man in wenigen Schritten zur ❷ **Maison Pfister**. 1537 für den reichen Hutmacher Ludwig Scherer aus Besançon im Renaissancestil errichtet und reich bemalt, zählt dieses Gebäude zu den schönsten der Stadt; ungewöhnlich ist der zweigeschossige Eckerker, der in einem spitzen Turm endet. In der gegenüberliegenden Maison au Cygne (Haus zum Schwan) soll der Maler und Kupferstecher Martin Schongauer (1445–1491) gewohnt haben. Gegenüber hat die Stadt das Geburtshaus des Bildhauers Bartholdi als Museum eingerichtet (30, Rue des Marchands, www.musee-bartholdi.fr; März–Dez. Mi.–Mo. 10.00–12.00 und 14.00 bis 18.00 Uhr).

Durch einen Laubengang gelangt man von der Maison Pfister zur Place de la Cathédrale und dem wohl ältesten bürgerlichen Wohnhaus in Colmar, der ❸ **Maison Adolphe** (1350); benannt ist es nach dem Eigentümer in der zweiten Hälfte des 19. Jhs., der die gotischen Fenster freilegen ließ. In der Nachbarschaft zeugt der Ancien Corps de Garde von Zeiten, als vom verzierten Gerichtslaubenerker die ergangenen Urteile verkündet wurden.

Die 1235–1365 erbaute ❸ **Stiftskirche St. Martin** ist eines der bedeutendsten Bauwerke elsässischer Gotik. Die Spitze des Südturms brannte 1572 samt Dachstuhl ab und wurde später durch die zwiebelförmige Laterne ersetzt, die dem Gotteshaus seine charakteristische Silhouette verleiht; ein Nordturm war aus Kostengründen erst gar nicht gebaut worden. Bei 1982 abgeschlossenen Restaurierungen wurden die Fundamente einer früheren, um 1000 gebauten Kirche freigelegt (außer bei Gottesdiensten tgl. 8.00–18.30 Uhr).

Über die Rue des Serruriers erreicht man die ❹ **Église des Dominicains**. Die frühgotische Dominikanerkirche (13.–15. Jh.) war lange Zeit das geistige Zentrum Colmars und einer der schönsten Bauten des Predigerordens am Oberrhein. Heute ist in der ehem. Kirche neben prächtigen Glasfenstern aus dem 14. u. 15. Jh.

Auf dem Weihnachtsmarkt in Petit Venise;
In Colmars gemütlicher Grand Rue;
Flammkuchen im Straßenverkauf

sade mit dem über drei Stockwerke reichenden Erker zieren.

Drittes großes Gotteshaus ist ❼ **St-Matthieu** an der Grand Rue, die prachtvolle spätgotische Glasfenster des elsässischen Glasmalers Peter Hemmel von Andlau (15. Jh.) besitzt und bei Konzerten ihre barocke Johann-Andreas-Silbermann-Orgel erklingen lässt.

In die einstige Welt der kleineren Leute gelangt man über die Place de l'Ancienne Douane in das **Quartier des Tanneurs** (Gerberviertel) und an der Markthalle vorbei über die ehem. Straße der Fischhändler (Rue de la Poissonnerie) nach ❾ **La Petite Venise** TOPZIEL (Klein-Venedig), wo heute kleine Cafés und Restaurants auf Besucher warten.

Ihren Namen hat die Maison des Têtes von den skurrilen Köpfen und Masken, welche die Fassade zieren.

Martin Schongauers „Madonna im Rosenhag" zu sehen, die er 1473 für die St.-Martin-Kirche gemalt hatte. Nachdem das Meisterwerk 1972 dort entwendet worden war, ist es nun im Chorraum der Dominikanerkirche zu betrachten (Mitte März–Nov. 10.00–13.00 und 15.00 bis 18.00, Juni–Okt. Fr. und Sa. ohne Pause, Advent bis 31.12. tgl. 9.00–18.00 Uhr).

Im Schatten der Dominikanerkirche steht in der gleichnamigen Straße die **Maison des Têtes** (Kopfhaus), 1609 für den Händler Antonius Burger gebaut und ein prächtiges Beispiel für die Architektur der Renaissance. Seinen Namen hat das Haus von den zahlreichen skurrilen Köpfen und Masken, welche die Fas-

● Museen

Eines der großartigsten Museen Frankreichs mit internationalem Ruf ist das ❺ **Musée d'Unterlinden** TOPZIEL, 1852 in einem ehem. Dominikanerinnenkloster eröffnet. Rund um einen Kreuzgang aus dem 13. Jh. werden im Erdgeschoss die Sammlungen alter Kunst vom 11. bis 16. Jh. gezeigt. Im ersten Stock sind Kunstgewerbe und Volkskunst zu sehen, in einem Zwischengeschoss archäologische Sammlungen. Die Sammlung der Malerei des späten Mittelalters und der Renaissance zeigt vor allem Werke oberrheinischer Künstler wie Martin Schongauer. Der Weg durch die Bilder- und

Skulpturensammlung führt in die ehem. Kapelle, in der überaus eindrucksvoll das Hauptwerk des Museums, der Isenheimer Altar, aufgebaut ist. An einem Modell an der Wand können die Besucher die für den Verlauf des Kirchenjahres vorgesehenen unterschiedlichen Ansichten des Altars nachvollziehen. Die gemalten Tafeln stammen von Matthias Grünewald, um 1515 für das Isenheimer Antoniterkloster geschaffen (s. auch Seite 61), die Plastiken (um 1500) vom elsässischen Bildschnitzer Niklaus von Hagenau. Im unterirdischen Verbindungsgang und im Ackerhof, von den Architekten Herzog & de Meuron neu erbaut, ist moderne Kunst ausgestellt (Place Unterlinden, www.musee-unterlinden.com; Mi.–Mo. 9.00 bis 18.00, Do. bis 20.00 Uhr).

Mehr als 1000 m lang sind die Schienen der Modelleisenbahn im ❻ **Musée du Jouet** (Spielzeugmuseum). Alles, womit Generationen von Kindern gespielt haben, ist dort ausgestellt. Ein von 35 Motoren bewegtes und computergesteuertes Marionettentheater führt die Fabel „Der Fuchs und der Storch" des Schriftstellers Jean de la Fontaine (1621–1695) auf (40, Rue Vauban, www.musee jouet.com; Juli, Aug. und Dez. tgl. 10.00–18.00, Mi.–Mo. bis 17.00 Uhr).

Das naturgeschichtliche und völkerkundliche ❽ **Musée d'Histoire Naturelle et d'Ethnographie** wurde bereits 1859 gegründet. Eher selten für das Elsass, zeigt es auch nicht auf Europa bezogene Sammlungen (11, Rue de Turenne; Feb.–Dez. Mi.–Sa. und Mo. 10.00 bis 12.00 und 14.00–17.00, So. 14.00–18.00 Uhr).

● Aktivitäten

Wer Colmar mit dem **Fahrrad** erkunden möchte, kann sich an der ❼ Place de la Gare ein Velo, wie die Franzosen sagen, ausleihen (April–Okt. Mo.–Fr. 8.00–12.00 und 14.00–19.00, Sa., So. und Fei. 9.00–19.00, sonst Mo.–Fr. 8.00

bis 12.00 und 14.00–18.00, Sa. 9.00–12.00 und 14.00–18.00 Uhr). Radwegepläne gibt es bei der Touristinformation. **Rundgänge** durch Colmar werden im Juli und Aug. tgl. angeboten, ansonsten an Wochenenden oder auf Anfrage. Von Jan. bis Sept. gibt es auch Abendführungen durch die beleuchtete Altstadt. Im Dez. stehen sie unter dem Motto „La Magie de Noël" (Informationen: Office de Tourisme).

● Veranstaltungen

Das **Festival International de Colmar** im Juli ist stets einem großen Musiker gewidmet (www.festival-colmar.com). Im Aug. steht Colmar im Zeichen des Weines: Die **Foire aux Vins d'Alsace** ist Messe für Fachbesucher und Interessierte sowie Volksfest mit Freilichttheater, Musikveranstaltungen und kulinarischen Höhepunkten (www.foire-colmar.com). Im Dez. steht die Stadt im Zauber von **Noël à Colmar** mit Weihnachtsmärkten auf verschiedenen Plätzen sowie in La Petite Venise (s. Tipp; www.noel-colmar.com).

● Hotel und Restaurants

€ € € **Le Colombier** ist ein zentral gelegenes, modernes Hotel mitten in Klein-Venedig (7, Rue de Turenne, Tel. 0033 (0)389 23 96 00, www.hotel-le-colombier.fr).
Das sehr moderne Restaurant € € € **La Maison des Têtes** befindet sich im gleichnamigen Haus von 1609. Rustikaler ist die Brasserie. (Tel. 0033 (0)389 24 43 43; 19, Rue des Têtes, www.la-maison-des-tetes.com).
Die € € **Wistub Brenner** ist eine originelle Weinstube mit traditionellen elsässischen Gerichten (Tel. 0033 (0)389 41 42 33; 1, Rue Turenne, www.wistub-brenner.fr).

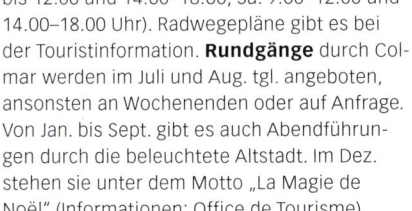

Weihnachtsromantik

In Colmar stehen von Ende Nov. bis Silvester auf fünf Plätzen geschmückte Holzbuden, die alles anbieten, was irgendwie mit Weihnachten zu tun haben könnte. Auf der Place Jeanne d'Arc verkaufen Händler einheimische Produkte, unter anderem auch kulinarische Spezialitäten wie geräucherten Schinken und Eau-de-Vie, „Lebenswasser" also, wie die Franzosen Schnaps nennen. Ein Weihnachtsmarkt besonders für Kinder wird in Petite Venise aufgebaut. Auf der Place de l'Ancienne Douane beim und im Alten Kaufhaus ist vielleicht der schönste Teil der Colmarer Weihnachtsstadt. Dort sind auch zahlreiche Kunsthandwerker zu finden.

Genießen   Erleben   Erfahren

DuMont Aktiv

Im Boot durch Colmar

Manch skeptischer Blick trifft die schmalen Holzkähne, die am Steg beim Restaurant „La Krutenau" oder bei der Brücke Saint-Pierre anlegen. Aber trotz spartanischer Ausstattung der Boote drängen sich die Touristen an den Anlegestellen, um Colmar aus einer besonderen Perspektive zu sehen.

Behutsam setzen die Passagiere einen Fuß nach dem anderen in den alten Kahn, vorsichtig lassen sie sich auf einem der Holzbretter nieder, die zwei, maximal drei Personen Platz bieten. Aufatmen. Das kleine Boot liegt ruhig auf dem Wasser und setzt sich dank eines Elektromotors fast lautlos in Bewegung.

Sanft gleitet es unter der ersten Brücke durch, die Fahrgäste ducken sich ein bisschen. Notwendig wäre dies nicht, aber die gefühlte Höhe des Brückenbogens ist eindeutig niedriger als die tatsächliche. Durch eine wildromantische Landschaft, unter tief hängenden Zweigen hindurch, geht die Fahrt auf der Lauch weiter. Kaum zu glauben, dass ein paar Meter höher das touristische Leben Colmars pulsiert. Erst wenn die blumengeschmückten Fachwerkhäuser und die belebten Restaurant-Terrassen am Ufer erscheinen, tauchen die Passagiere in den „barquets" wieder in die Zivilisation ein. Wie ein Blitzbesuch in einer anderen Welt wirkt die Fahrt auf der Lauch durch La Petite Venise.

Weitere Informationen

Barques Sweet Narcisse, 10, Rue de la Herse, bei der Brücke Saint-Pierre, Tel. 0033 (0)389 41 01 94, www.barques-colmar.fr; März–Anfang Nov. tgl. 10.00 bis 18.30, Dez. 11.00–18.00 Uhr, sonst kürzer, Tickets vor Ort oder im Tourismus-

büro. **Barques la Krutenau**, 1, Rue de la Poissonerie, eine Seitenstraße der Rue Turenne, Tel. 0033 (0)389 41 18 80; April bis Okt. tgl. 10.00–18.30 Uhr, Tickets an der Theke der Bar „La Krutenau".

Auf ihrer Tour ziehen die Holzkähne auch an den farbenfrohen Fachwerkhäusern am Quai de la Poissonnerie vorbei.

Idyllen auf dem Land

Rund um Colmar zeigt sich die Landschaft abwechslungsreich. In malerischen Dörfern lässt es sich gemütlich bummeln oder beim Winzer auf eine Probe seiner Spezialitäten einkehren. Hoch über der Rheinebene thronen Burgen und versprechen Ausblicke weit nach Deutschland und bis in die Schweiz hinein. Und in Mulhouse ist der Puls der industriell-technischen Entwicklung zu spüren – in eindrucksvollen Museen.

Ein elsässisches Vorzeigedorf: die Winzergemeinde Eguisheim.
Die Brunnenstatue auf der Place du Château stellt Papst Leo IX. dar.

Wasser statt Wein: Die Ill fließt quer durchs ganze Elsass. Sie entspringt im Jura und mündet nach rund 217 Kilometern in den Rhein.

Weinberge so weit das Auge reicht bedecken die Ausläufer der Vogesen zum Rheintal hin.

Imposanter Nachbau: Kaiser Wilhelm II. ließ die zur Ruine verfallene Haut-Kœnigsbourg 1899 im Stil einer Ritterburg wieder aufbauen.

Das Elsass, Teil der riesigen Region Grand Est, ist sicherlich deren schönste Landschaft. Rund um Colmar häufen sich malerische Dörfer und Kleinstädte mit alten Fachwerkhäusern, gepflasterten Gassen und Storchennestern auf Türmen, Dächern und Kaminen. Eine besondere Anziehungskraft auf Besucher haben einige der zahlreichen Burgen und Ruinen.

Ein Kaisertraum wird wahr

Burgruinen finden sich im Elsass entlang der Vogesen viele. Insgesamt sind es 280, von denen aber nur eine einzige wieder aufgebaut wurde: die Haut-Kœnigsbourg bei Kintzheim. Vor allem, wenn man an einem regnerischen Tag auf die Burg fährt, hoch oben auf einem Bergkegel, durch Nebelschwaden und

Heute ist die Haut-Kœnigsbourg eines der meistbesuchten Ausflugsziele in ganz Frankreich.

regennasse Wälder, kann man nachvollziehen, dass Kaiser Wilhelm II. diese Ruine im Stil einer spätmittelalterlichen Ritterburg erneuern ließ – ein Jahrhundertwerk, allein schon wegen des technischen Aufwands. 30 Pferde brauchte es, um die Lokomotive „Hilda" vom Bahnhof Schlettstadt auf die 757 Meter hoch gelegene Baustelle zu ziehen. Gebraucht wurde „Hilda", um Material vom Ostteil der Baustelle in den Westteil zu transportieren und umgekehrt. Erst 1908 war das Werk vollendet – und bezahlt haben es die Elsässer, die um diesen Preis von dem Status befreit wurden, nur Reichsbürger quasi zweiter Klasse zu sein.

Heute ist die Haut-Kœnigsbourg eines der meist besuchten Ausflugsziele in Frankreich. 300 Stufen sind beim faszinierenden Rundgang durch die Burg zu überwinden, der vom Haupttor über den Wirtschaftshof, den Burghof zu den

Von Frühjahr bis in den Herbst finden an vielen Orten farbenprächtige Feste statt, so das Weinfest in Eguisheim, bei dem besonders schöne Trachten zu sehen sind (oben und unten rechts). Einfallsreiche Kostüme machen den Festzug anlässlich des Pfifferdaj in Ribeauvillé zur Augenweide (unten links).

Eguisheim lockt mit einem charmanten Stadtbild
und großen Weinen.

Auf mittelalterliche
Traditionen hat sich
Turckheim besonnen,
wo ein Nachtwächter
durch die Gassen zieht.

Gemächern im ersten und zweiten Obergeschoss führt, von deren Fenstern man an klaren Tagen einen atemberaubenden Blick auf die Rheinebene und den Schwarzwald hat.

Burgen und Bredele

Sehr touristisch gestaltet sich der Besuch von Riquewihr. Der mittelalterlich wirkende Ort liegt am Ende eines kleinen Tales. Rund um die alte Stadtmauer wurden zahlreiche Parkplätze angelegt, um die Touristenströme aufzufangen. Wie in alten Zeiten gelangt man über ausgetretene Steinstufen durch schmale Einlässe in der Mauer ins Innere von Riquewihr, wo Souvenirläden die Besucher empfangen. Und die Bäckereien bieten als Tribut an die Touristen das ganze Jahr über „Bredele" an, traditionelles elsässisches Weihnachtsgebäck in vielen, vielen Sorten. Man kann nach Gusto mischen, und vor allem die „Butterbredele" schmecken auch im Sommer gut. Wegen seines nahezu vollständig erhaltenen Ortskerns und der Befestigungsanlagen aus dem 16. Jahrhundert gilt Riquewihr als eines der schönsten Dörfer Frankreichs.

Im benachbarten Kaysersberg machen zwar auch viele Touristen halt, es zeigt sich aber eher als lebendiges Städtchen denn als Freilichtmuseum. Seit

bald 800 Jahren überragt die Ruine einer Burg des Staufers Kaiser Friedrich II. den Ort am Zugang zum Weißtal, strategisch wichtiger Punkt seit Urzeiten, da hier eine Römerstraße vorbeiführte, die das Elsass mit Lothringen verband.

Auf mittelalterliche Tradition hat sich auch Turckheim besonnen, das zwischen Mai und Oktober wieder einen Nachtwächter durch die Gassen ziehen lässt. Schließlich war Turckheim einst Freie Reichsstadt und stolzes Mitglied des Elsässischen Zehnstädtebundes. Aus dieser Zeit stammen die drei Tortürme, wovon „La Porte de France" der älteste ist. Ihn mussten seinerzeit alle Handelswaren passieren. Heute ist der Ort wegen seiner vorzüglichen Weinlagen bekannt.

Hinauf zu den Vogesenhöhen

Turckheim liegt am Eingang des Munstertals, das dank des gleichnamigen Weichkäses – der so mächtig duftet und dennoch so mild schmecken kann – Berühmtheit erlangte. Wer im Munstertal konsequent der Departementstraße 10 und später der D 27 folgt, erreicht die Route des Crêtes, die Gratstraße, die vom Col du Bonhomme bis nach Cernay führt. Sie verläuft meist westlich der Gipfel und führt auch direkt am höchsten Berg der Vogesen vorbei, dem Grand Ballon. Ihn bezwungen, steht man an ei-

Das Ecomusée d'Alsace in Ungersheim zeigt, wie in vorindustrieller Zeit gelebt und gearbeitet wurde.
Wasserkraft bildete die wichtigste Energiequelle.

Für Kinder stellt der Besuch des Ecomusée ein besonderes Erlebnis dar …

… schon der vielen Tierkinder wegen.

Symbolvogel Storch

Special

Es klappert von den Dächern

Im Elsass gilt der Storch als regionales Symbol, zumal er im übrigen Frankreich eher Seltenheitswert hat. Fast wäre dies auch im Elsass so weit gekommen.

Vor rund 30 Jahren bestand akute Gefahr, dass die Weißstörche im Elsass aussterben würden. Soweit wollten es die Elsässer nicht kommen lassen. Ihr Symboltier sollte nicht nur in Keramik, Blech oder Plüsch existieren, sondern wie ehedem ganz real auf Kaminen und Dächern. Vor gut 20 Jahren entstanden deshalb Auswilderungsgehege, in denen gezielt Störche angesiedelt wurden.

Die dort gezüchteten Jungtiere folgten ihrem Instinkt und flogen im Spätsommer ins Winterquartier bis zu 10 000 Kilometer weit nach Südafrika, wo sie allerdings oftmals zum Jagdobjekt werden. Doch die meisten kamen im Frühjahr zurück. Mehr als die Hälfte der elsässischen Störche bleibt zwischenzeitlich das ganze

Inoffizielles Wappentier: der Weißstorch

Jahr über, da bei den Aufzuchtstationen und anderswo auch im Winter genügend Futter vorhanden ist. Rund 420 Storchenpaare leben mittlerweile wieder im Elsass. Ihre Nester haben einen Durchmesser von 1,50 bis zwei Meter, sind bis zu einem Meter hoch und wiegen etwa 300 Kilogramm. Ganz aus der Nähe kann man Störche im Zoo von Mulhouse, im Ecomusée in Ungersheim und am Affenberg bei Kintzheim beobachten.

nem der Eckpunkte des Belchen-Dreiecks aus Grand Ballon, Petit Ballon und dem Belchen auf der deutschen Seite, eine der vielen und nicht immer sichtbaren Verbindungen in der Regio.

Elsass en miniature

Wie ein Elsass „en miniature" wirkt das Ecomusée in Ungersheim, immerhin das größte Freilichtmuseum Frankreichs. 72 Gebäude, die früher vorwiegend im südlichen Elsass und im oberelsässischen Sundgau standen, versetzen die Besucher in das bäuerliche Lebensumfeld früherer Zeiten.

Schmiede, Töpferei, Schnapsbrennerei, Bäckerei, eine Schule – alles, was man für seine Erdentage brauchte, ist vorhanden. Schließlich wollen die Ausstellungsmacher nicht nur Häuser zeigen, sondern einen Einblick in einstiges Tun und Lassen vermitteln. Und dazu gehören auch Tiere: Pferde, Schweine, Ziegen, Esel, Gänse, Kühe, Enten und natürlich Störche sind auf dem Gelände heimisch. Die traditionellen Feste des Jahres mit ihren Bräuchen werden alle im Ecomusée gefeiert – Elsass „en miniature" eben.

Die industrielle Metropole

Weniger idyllisch zeigt sich Mulhouse, zweitgrößter Ballungsraum des Elsass.

Mulhouses Aufstieg zur Industriestadt zeichnen die technischen Museen nach, so das Automobil- und das Eisenbahnmuseum (oben links und oben rechts). Rund ums Rathaus zeigt sich Mulhouse von seiner gastlichen Seite (unten links). Ruhe tanken ist in der Grünanlage vor der Société Industrielle de Mulhouse möglich (unten rechts).

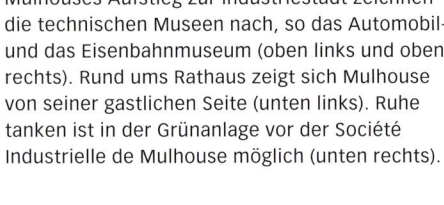

Im 19. Jahrhundert entwickelte sich die Industriestadt durch den Bau des Rhein-Rhône-Kanals rasch zu einem wichtigen Zentrum für Maschinenbau, Textil- und Chemieindustrie. An zahlreichen Häusern der Innenstadt lässt sich ablesen, welcher Wohlstand dadurch in das Oberzentrum kam. Heute sind Maschinenbau, Elektrotechnik und die Automobilindustrie prägend im Ballungsraum rund um Mulhouse, wo rund 280 000 Menschen fast aller Nationalitäten leben. Ein Spiegel dieser multikulturellen Gesellschaft ist der Wochenmarkt mit mehr als 300 Händlern, bei denen es dienstags, donnerstags und samstags Genüsse aus aller Welt zu kaufen gibt.
Die Erinnerung an die industrielle Vergangenheit bewahren hochkarätige

Mulhouse wurde Ende des 18. Jahrhunderts noch die „Stadt der 100 Schornsteine" genannt.

technische Museen, die es in dieser Ansammlung nirgendwo sonst in Europa gibt. Das bekannteste ist sicherlich das Automobilmuseum, die einstige Sammlung der beiden Brüder Schlumpf. Vergessen sind die Zeiten, als Arbeiter die Textilfabrik Schlumpf besetzten, nachdem ihre Chefs das Firmenkapital ihrer Sammelleidenschaft für alte Autos geopfert hatten und die Fabrik im Textilsterben der 1970-Jahre zugrunde ging. Heute sind die rund 400 Klassiker des Automobilbaus ein kostbarer und anerkannter Kulturschatz.

Wem nach so viel Technik der Sinn nach Ruhe steht, sollte einen Abstecher in den südlich von Mulhouse gelegenen Sundgau machen. Ländlicher geht es kaum. Unglaublich, wie wenig der Tourismus hier hat ausrichten können. Landschaft pur und auf den Tellern die Spezialität der Region an der Route de Carpe frite: Karpfen paniert und in Fett ausgebacken.

Kaffeekultur

Kaffeegenuss jenseits der Coffeeshops

Selbst der schnelle Espresso kann in der richtigen Umgebung zum großen Genussmoment werden. Bei einem Café au lait oder einem Schümli kann man in den wunderschönen Cafés der Region einfach nur sitzen, die Passanten beobachten, sich in ein Buch vertiefen oder in einem intensiven Gespräch versinken.

1 Kolben Kaffee Freiburg

Man muss aufpassen, dass man den Eingang zur Kolben Kaffee Akademie in Freiburg nicht verfehlt, wenn einen die Passanten einfach durch den engen Durchgang neben dem Martinstor hindurchschieben. Man würde nicht nur hervorragende Kaffeespezialitäten verpassen, sondern auch köstliche Torten und Kuchen. Getrunken und gegessen wird im Stehen. Ein kleines bisschen Bella Italia.

Kolben Kaffee Akademie, Kaiser-Joseph-Straße 233, 79089 Freiburg, www.kolbenkaffee-freiburg.de; Mo.–Fr. 7.00–19.00, Sa. 8.00–19.00, So. und Fei. 10.00–18.00 Uhr

2 Rainhof Scheune Kirchzarten

Die Kaffees der Freiburger Rösterei Schwarzwild stehen für höchste Qualität. Genau richtig für das gemütliche Bistro in der Rainhof Scheune im Kirchzartener Ortsteil Burg. In der riesigen Scheune kann man viel Zeit verbringen, nicht nur beim Kaffeetrinken – auch im Scheunenladen und im Buchladen.

Rainhof Scheune, Höllentalstraße 96, 79199 Kirchzarten-Burg, www.rainhof-scheune.de; tgl. ab 7.00 Uhr

Rösterei Schwarzwild, Kartäuserstraße 60, 79102 Freiburg, www.roesterei-schwarzwild.de; Di.–Fr. 11.00–18.30, Sa. 10.00–14.00 Uhr

3 Ins Dialekt in Merdingen

Keine Sorge, wenn das Navi das Auto durch ein Industriegebiet lenkt. Sie sind auf dem richtigen Weg. Das weithin sichtbare Glashaus des Dialekt liegt am Rande des Gewerbegebiets von Merdingen. Einmal angekommen, merkt man von Gewerbe nichts mehr. Das Glashaus gibt den Blick frei auf Kaiserstuhl und Vogesen. Die Patisserie zergeht auf der Zunge, der Espresso ist perfekt.

Dialekt, Kleinsteinen 11, 79291 Merdingen, www.ins-dialekt.de; Di.–Fr. 11.00 bis 23.00, Sa. 17.00–23.00, So. 11.00–21.00 Uhr

4 Confiserie Schiesser in Basel

Ein Buttergipfeli zum Schümli vor sich auf dem Tisch, den Basler Marktplatz und das Rathaus vor dem Fenster – so könnte man stundenlang sitzen und schauen. 1870 hat auch Rudolf Schiesser diese Lage fasziniert. Ein idealer Standort für seine Confiserie. Im historischen Tea-Room im Wiener Kaffeehausstil und im „Rothstübli" aus dem 18. Jahrhundert werden aber nicht nur Kaffees serviert, man kann auch Herzhaftes bekommen.

Confiserie Schiesser, Marktplatz 19, CH-4051 Basel, www.confiserie-schiesser.ch; Mo.–Fr. 8.00–18.30, Sa. 8.00–17.30, So. 10.00 bis 17.00 Uhr

⑤ Bistro Reithalle in Riehen

Wem der Trubel in Basel zu viel geworden ist, wer die Augen nach ausgiebigem Kunstgenuss in der Fondation Beyeler ruhen lassen oder einfach nur ein bisschen Natur genießen will, ist im Bistro Reithalle im barocken Wenkenpark in Riehen genau richtig. Ein Spaziergang durch den Park führt zum Bistro, das nicht nur einen hausgemachten Cheesecake anbietet, sondern auch einfallsreiche Pâtisserien. Sonntags ist Brunch mit ausgefallenem Buffet.

Bistro Reithalle Wenkenhof, Hellring 41, CH-4125 Riehen, www.bistroreithalle.ch; Do.–So. 10.00–17.00 Uhr

⑥ Au Croissant Doré in Colmar

Ein schmales Jugendstilhaus in Rosa mit einem Grammofon und anderen alten Dingen im rechten Schaufenster und der verführerischen Theke mit Tarte au Citron, Croissants, Macarons und anderen typisch französischen Leckereien im linken Schaufenster – das ist das Croissant Doré in Colmars Rue des Marchands. Der Café au lait wird noch mit einem Kännchen warmer Milch zum Selbstmischen serviert. Parfait! Ein bisschen hat man im Jugendstilambiente dieses Salon de Thé das Gefühl, in eine andere Zeit versetzt zu sein.

Au croissant doré, 28 Rue des marchands, F-68000 Colmar, Tel. 0033 3 89 23 70 81

⑦ Le cosy in Kaysersberg

Ob in einer kleinen Nische für zwei hinter offenem Fachwerk, ob am großen Tisch mitten im Raum – wo immer man sich im Le cosy niederlässt: man sitzt gemütlich, wie es der französische Name verspricht. Ob Tee, Kaffee oder heiße Schokolade, ob süße Crêpes oder ein Stück der köstlichen Kuchen, alles wird liebevoll serviert. Schließlich spielt Dekoration nicht nur bei der Einrichtung eine große Rolle.

Le cosy, 133 Rue du Général de Gaulle, F-68240 Kaysersberg, (gegenüber Musée Albert Schweitzer), Tel. 0033 6 81 26 67 85, tgl. 10.00–19.00 Uhr

⑧ Café Mozart in Mulhouse

Mitten in Mulhouse, an der Place de la Réunion, liegt das Café Mozart im ersten Obergeschoss eines Geschäftshauses. Durch riesige Glasscheiben schaut man auf das städtische Treiben und die gegenüberliegende Kirche Saint Etienne. Bereits in dritter Generation verwöhnt die Pâtisserie Jacques die Gaumen der Gäste mit feinsten Torten und Gebäck aus handverlesenen Zutaten.

Café Mozart, 25 Place de la Réunion, F-68100 Mulhouse, Tel. 0033 3 89 66 48 48, www.patisserie-jacques.com; Di.–Fr. 8.45 bis 18.30, Mo. ab 11.00, Sa. 8.00–19.00 Uhr

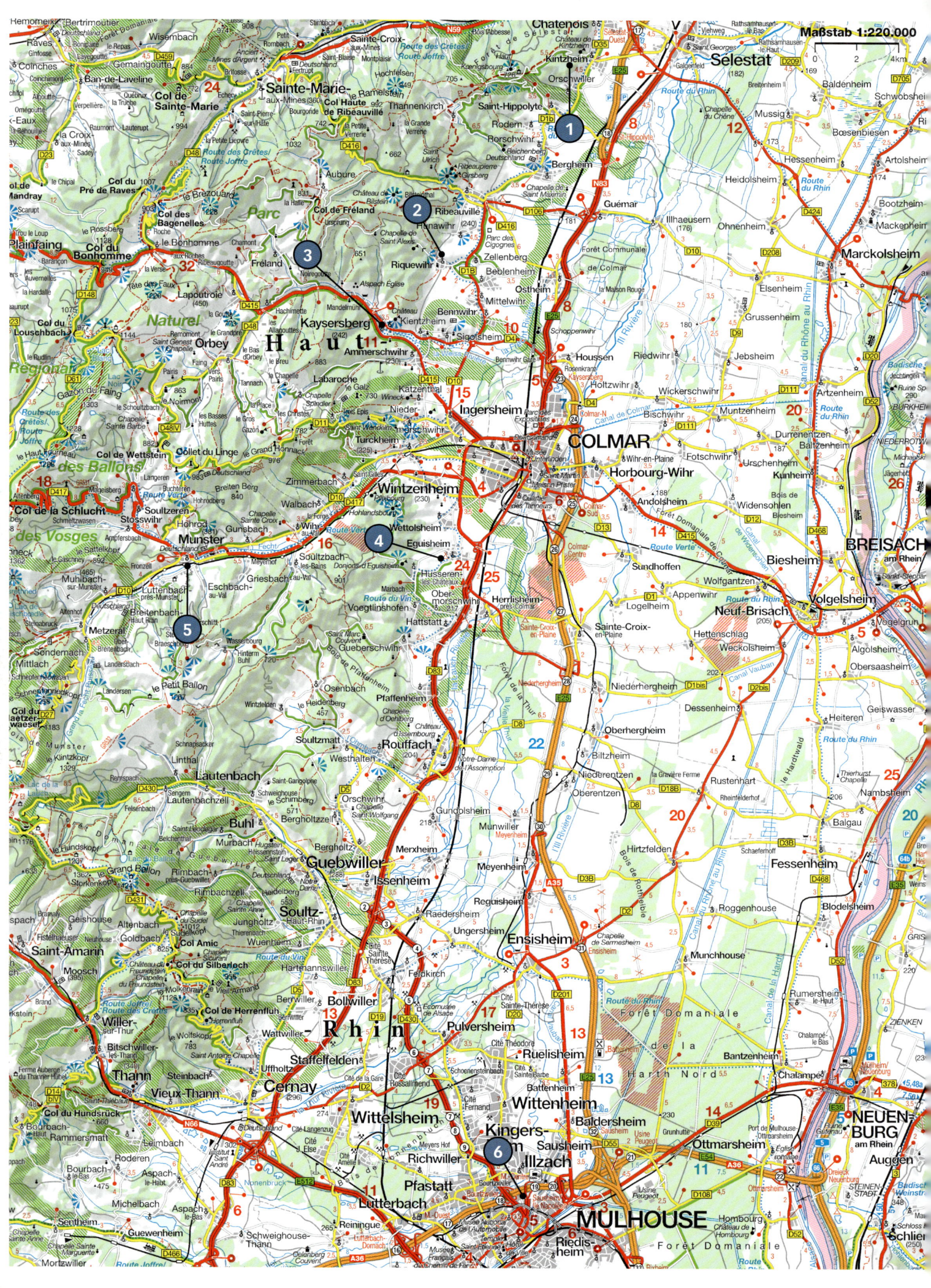

Anheimelnd und fremd zugleich

Das Elsass ist 190 Kilometer lang und 50 Kilometer breit. Mittendrin liegt Colmar, Ausgangspunkt für Ausflüge in romantische Weindörfer, für Wanderungen in den nahen Vogesen oder für die Erkundung großer und kleiner Museen. Mit Mulhouse hat das Elsass im Süden auch einen wichtigen Industriestandort.

Kintzheim

Das Örtchen (1600 Einw.) lebt vom Weinbau. 1270 wurde die gleichnamige Burg erstmals genannt, heute nur mehr Ruine, zu deren Füßen sich der Fachwerkort ausbreitet.

SEHENSWERT

Bei den Flugvorführungen auf dem **Château de Kintzheim** ziehen Adler, Schwarzmilane, Falken, Geier und der Andenkondor ihre Kreise (www.voleriedesaigles.com; Flugvorführungen Juli/Aug. tgl. 11.00, 12.30, 14.00, 15.30, 17.00, April–Juni tgl. 14.00, 15.30, 17.00, Sept./Okt. tgl. 14.30, 16.00 Uhr).

UMGEBUNG

Die **Haut-Kœnigsbourg** hat ihren Ursprung im 12. Jh. Während des Dreißigjährigen Krieges wurde der Wehrbau von schwedischen Trup-

Vielerorts prägt der Weinbau die Landschaft. Fachwerk ziert jedes Dorf, auch Turckheim.

Tipp

Wein und Käse

Was ist nicht alles am Rand elsässischer Straßen zu kaufen? Selbstverständlich Störche, das Symboltier der Region, in Plüsch oder aufgedruckt auf Handtüchern, Schürzen und anderes. Interessanter sind aber die kulinarischen Angebote. Entlang der 170 km langen Elsässischen Weinstraße kann man eine Weinprobe nach der anderen machen. Da man direkt beim Erzeuger kauft, ist wenig falsch zu machen, und man erfährt hier mehr über Weinbau und den jeweiligen Wein als in einem Geschäft. Wem das nicht reicht, der hat noch 26 Weinlehrpfade zur Auswahl. Zwischen Colmar und Munster wird häufig Munsterkäse angeboten. Nicht jeder mag den Geruch dieses Weichkäses, aber sachkundig gereifter Munster schmeckt mild und ist, mit Kümmel, Pellkartoffeln und Gewürztraminer genossen, ein Gedicht.

pen niedergebrannt. 1899 schenkte die Stadt Schlettstadt die Ruine Kaiser Wilhelm II., der sie im Stil einer mittelalterlichen Festung wieder aufbauen ließ. Seit 1919 ist die Burg wieder in französischem Besitz. Zwischen 2010 und 2013 wurden rund 11 Mio. Euro für die Sanierung der denkmalgeschützten Burganlage investiert (www.haut-koenigsbourg.fr; Juni–Aug. tgl. 9.15–18.00, März und Okt. tgl. 9.30–17.00, Nov.–Feb. tgl. 9.30–12.00 und 13.00–16.30, April, Mai und Sept. 9.15–17.15 Uhr; empfehlenswert ist ein Rundgang mit einem Audioguide, auch auf Deutsch).
Am Fuß des Burgbergs leben 280 Berberaffen auf einem 24 ha großen Gelände, dem **Montagne des Singes** oder Affenberg. (www.montagnedessinges.com; Juli und Aug. tgl. 10.00–18.00, Mai, Juni und Sept. tgl. 10.00 bis 12.00 und 13.00–18.00, April, Okt. tgl. 10.00 bis 12.00 und 13.00–17.00 Uhr).

② Riquewihr

Das Stadtbild Riquewihrs (1100 Einw.), umgeben von Wehranlagen, ist seit dem Mittelalter unverändert. Neben dem Tourismus ist der Weinbau der Hauptwirtschaftsfaktor des Ortes. Die bereits im 6. Jh. gegründete Siedlung

gehörte als Reichenweier ab 1324 den Württembergern, bevor sie 1793 französisch wurde.

SEHENSWERT

Prachtvolle **Bauten** des 16. und 17. Jhs., großzügige **Höfe** mit imposanten Einfahrten und schöne **Brunnen** säumen die romantischen Gassen.

MUSEUM

Das **Musée Hansi Riquewihr** erinnert an den unter seinem Pseudonym Hansi bekannten Grafiker, karikierenden Zeichner und Heimatforscher Jean-Jacques Waltz (1873–1951; 16, Rue du Général de Gaulle; Feb.–Mai tgl. 10.00 bis 12.30 und 13.30–18.30, Juni–Dez. Di.–So. 9.30–12.30 und 13.30–18.30 Uhr).

UMGEBUNG

Das von drei mittelalterlichen Burgruinen überragte **Ribeauvillé** (4800 Einw.; nördl.) besitzt ein nicht minder interessantes altes Ortsbild – und ist darüber hinaus für den **Pfifferdaj** bekannt; der Pfeifertag am 1. September-Sonntag erinnert an die Spielleute und Gaukler des Mittelalters.

Das Ecomusée bei Ungersheim ist das größte Freilichtmuseen Frankreichs und zählt dort zu den beliebtesten Anlagen dieser Art.

INFORMATION
Office de tourisme Pays de Ribeauvillé-Riquewihr, 2, Rue de la 1ère Armée, F-68340 Riquewihr, Tel. 0033 (0)389 73 23 23, www.ribeauville-riquewihr.com

❸ Kaysersberg

Der idyllische Ort (2700 Einw.) gehört zu den vorrangigen Besucherzielen an der Elsässer Weinstraße. Die Burg ließ Friedrich II. im 12. Jh. bauen. Im Dreißigjährigen Krieg wurde sie zerstört, doch blieb der Bergfried so eindrucksvoll, dass er bis heute das Ortsbild beherrscht.

SEHENSWERT
Von der Burgruine aus hat man einen schönen **Blick** über die Stadt mit ihren Bürgerhäusern aus Gotik und Renaissance sowie den Resten der Stadtbefestigungen. Mit einem Audio-Führer kann man das Städtchen in etwas mehr als einer Stunde erkunden, u.a. auch die **Kirche Ste-Croix** mit eindrucksvollem Kruzifix (um 1500) und einem geschnitzten Altar von 1518.

MUSEUM
Dem Leben und Wirken des hier geborenen Missionsarztes **Albert Schweitzer** (1875 bis 1965) ist ein kleines Museum gewidmet (126, Rue du Général de Gaulle; Mitte März–Mitte Nov. und Adventswochenenden tgl. 9.00–12.00 und 14.00–18.00 Uhr, März bis Juni–Okt. und Nov. Mi. geschl.).

INFORMATION
Office du Tourisme de la Vallée de Kaysersberg, 39, Rue du Général de Gaulle, F-68240 Kaysersberg, Tel. 0033 (0) 389 78 22 78, www.kaysersberg.com

❹ Eguisheim

Das Winzerstädtchen (1700 Einw.) ist wegen seines malerischen Ortsbildes beliebt und von hervorragenden Weinlagen umgeben. Stolz ist man hier auf den üppigen Blumenschmuck, für den die Stadt mehrfach ausgezeichnet wurde.

SEHENSWERT
Eguisheim hat sich mit seinen **Fachwerkbauten** und ehemaligen Zehnthöfen ringförmig um eine Wasserburg aus dem 8. Jh. entwickelt. Ein Teil der achteckigen **Burgmauer** ist noch zu sehen. Ein Rundweg führt über den ehemaligen **Wehrgang** der Stadtmauer.

VERANSTALTUNGEN
Am letzten Aug.-Wochenende steigt das **Eguisheimer Weinfest TOPZIEL**. Es zählt mit Folkloreumzügen und vielen Veranstaltungen rund um den Wein zu den bedeutendsten Weinfesten des Elsass. Die Weinlagen präsentiert der Weinlehrpfad; es gibt auch **Führungen** (Mitte Juni–Mitte Sept. Sa. 15.30 Uhr, im Aug. auch Di.; Treffpunkt Campingplatz).
In der Adventszeit öffnen die Buden eines elsässischen **Weihnachtsmarktes** (Place du Marché aux Saules und Place Monseigneur Stumpf; So.–Fr. 9.00–19.00, Sa. 9.00–20.00 Uhr).

HOTEL
€ € € € **Château d'Isenbourg:** Gut 10 km südl. von Eguisheim empfängt das Schlosshotel in herrschaftlicher Lage (9–11, Rue de Pfaffenheim, F-68250 Rouffach, Tel. 0033 (0)389 78 58 50, www.grandesetapes.com).

UMGEBUNG
Das für seine Weinlage Brand weithin bekannte **Turckheim** hat auch ein besuchenswertes Stadtbild. Das historische Zentrum umgibt noch die Stadtbefestigung aus dem 14. Jh. Hinter der Porte de France, dem früheren Haupttor, liegt der ehem. Marktplatz, die place Turenne. Als schönstes Haus am Platz gilt das Gasthaus „Zu den Zwei Schlüsseln" (Deux Clefs, 16. Jh.). Von Mai bis Okt. zieht um 22.00 Uhr ein Nachtwächter mit Hellebarde, Laterne, Horn und Gesang durch die Gassen.

INFORMATION
Office de Tourisme d'Eguisheim et environs, 2, rue Monseigneur Stumpf, F-68420 Eguisheim, Tel. 0033 (0)389 23 40 33, www.ot-eguisheim.fr

❺ Munster

In Hügel und Berge eingebettet, liegt Munster auf dem Weg zum Col de la Schlucht. Nach der Elsässischen Weinstraße zieht das Munstertal die meisten Touristen an. Es lässt sich hier deutlich ruhiger wandern und Ski fahren als im Schwarzwald oder in den Alpen. Bekannt ist das Tal auch für den gleichnamigen Weichkäse, den Mönche der früheren Abtei entwickelt

haben und der heute aber zu rund 90 Prozent in Lothringen hergestellt wird.

UMGEBUNG
Vom Munstertal über die Route des Crêtes zum **Grand Ballon**: Schon die Fahrt ist ein Erlebnis. In der Nähe des Grand Ballon (1424 m) beginnen zahlreiche gut ausgeschilderte Wanderwege, beispielsweise am Parkplatz Belchen-Hof. Die Aussicht während der Wanderung zeigt die ganze Schönheit der Vogesen, des Schwarzwalds und der Alpen.

INFORMATION
Office de Tourisme de la Vallée de Munster, 1, Rue de Couvent, F-68140 Munster, Tel. 0033 (0)389 77 31 80, www.vallee-munster.eu

❻ Mulhouse

Es gibt schönere Städte im Elsass, aber wer sich für technische Museen interessiert, kommt an Mulhouse nicht vorbei. Der industrielle Aufschwung begann 1746 mit der Gründung einer Textilmanufaktur. Heute ist die zweitgrößte elsässische Stadt die industrielle Metropole der Region (112 000 Einw.).

MUSEEN
Unbestrittener Star unter den Museen ist das Nationale Automobilmuseum **Cité de l'Automobile**, die Sammlung Schlumpf. Im Gebäude einer Kammgarnspinnerei von 1880 reihen sich Glanzstücke der Automobilgeschichte (15, Rue de l'épée, www.citedelautomobile.com; Anf. April–Anf. Nov. tgl. 10.00–18.00 Uhr, sonst kürzer; empfehlenswert ist ein Audioguide).
Das Eisenbahnmuseum **Cité du Train** hat eine der umfangreichsten Zugsammlungen Europas. Nähert man sich den Zügen, erwacht Leben in ihnen. An Fernsehstationen erfahren die Besucher viel über die Entstehungszeit der Züge (2, Rue Alfred de Glehn, www.citedutrain.com; Anf. April–Anf. Nov. tgl. 10.00–18.00 Uhr, sonst kürzer; empfehlenswert ist ein Audioguide).
In Nachbarschaft zum Eisenbahnmuseum findet sich das Elektrizitätsmuseum **Musée EDF Electropolis**, das die Geschichte der Elektrizität von der Antike bis zur Gegenwart veranschaulicht (55, Rue du Paturage, www.electropolis.edf.com; April–Okt. Di.–So. 10.00–18.00 Uhr, sonst kürzer, Jan.–Mitte Feb. geschlossen).
Im Stoffdruckmuseum **Musée de l'Impression sur Étoffes** erinnert Mulhouse an seine

Nach der Elsässischen Weinstraße zieht das Munstertal die meisten Touristen an.

Vergangenheit als Zentrum der Textilindustrie (14, Rue Jean-Jacques Henner, www.musee-impression.com; Di.–So. 10.00–12.00 und 14.00–18.00, Dez. auch Mo. 14.00–18.00 Uhr). In der Innenstadt ist vor allem die Place de la Réunion sehenswert, wo auch das ehem. Rathaus (1522) mit seinen schönen Wandmalereien zu finden ist. In ihm ist das **Musée Historique** untergebracht (Place de la Réunion; Mi.–Mo. 13.30–18.30 Uhr).

Das **Musée des Beaux Arts** in der 1788 errichteten Villa Steinbach zeigt Kunstwerke vom Spätmittelalter bis ins 20. Jh. (4, Place Guillaume Tell; Mi.–Mo. 13.30–18.30 Uhr). Moderne Kunst zeigt **La Kunsthalle** in einem umgewidmeten Industriebau (16, Rue de la Fonderie, www.kunsthallemulhouse.com; Mi.–Fr. 12.00–18.00, Sa./So. 14.00–18.00, Do. bis 20.00 Uhr, während Ausstellungen tgl.).

VERANSTALTUNGEN

Der Wochenmarkt **Marché du Canal Couvert** ist ein Treffpunkt der Kulturen (Canal Couvert, www.marchedemulhouse.com; Di. und Do. ab 7.00 Uhr und Sa. ab 6.00 Uhr).

Im Sommer sind die **Oldtimer** nicht nur im Museum zu bewundern, sondern ziehen in einem großen Korso durch die Stadt. Im Aug. kommen Jazzfreunde beim **Météo Mulhouse Music Festival** auf ihre Kosten. Im Dez. lockt der **Weihnachtsmarkt** in Mulhouse.

UMGEBUNG

Das **Ecomusée d' Alsace** TOPZIEL südl. Ungersheim (Anfahrt von Mulhouse über D 430, Ausfahrt Nr. 5) beherbergt auf 150 ha mehr als 70 traditionelle Bauernhäuser und Wirtschaftsgebäude, die hier wieder aufgebaut wurden und teils bewohnt sind. Handwerker zeigen alte Techniken, Tiere bereichern den Eindruck vom ländlichen Leben (www.ecomusee-alsace.fr; Mitte März bis Anfang Nov. Di.–So. 10.00–18.00, Juni–Aug. auch Mo., 1. Advent–6. Jan. Di.–So. 10.30–18.30 Uhr).

Im Bereich von **Ensisheim** finden sich keltische Siedlungsspuren. 1135–1648 diente es als „Hauptstadt" des habsburgischen Vorderösterreichs. Ein „Donnerschlag" war 1492 der Einschlag eines 130 kg schweren Meteoriten. Die Altstadt lädt zum Bummeln ein. Der einstige österreichische Renaissance-Verwaltungssitz (1547) ist heute Rathaus und Ortsmuseum (Place de l'Église; Mai–Sept. Mi.–Mo. 14.00 bis 18.00, sonst Mo., Mi., Do., Fr. 14.00–18.00 Uhr).

In **Husseren-Wesserling** (erreichbar von Mulhouse über die RN 66, Rtg. Epinal, 35 km entfernt) findet sich der Parc de Wesserling, ein Gebäudeensemble aus der Blütezeit der Textilindustrie mit Textilmuseum und hübsch angelegten Gärten (www.parc-wesserling.fr; Anfang Juni–Anfang Okt. tgl. 10.00–18.00, Ende März bis Mai und Okt.–Dez. Mo.–Sa. 10.00–12.00 und 14.00–18.00, So. und Fei. 10.00–18.00 Uhr).

INFORMATION

Office de Tourisme et des Congrès, 1, Avenue Robert Schuman, F-68100 Mulhouse, Tel. 0033 (0)389 35 48 48, www.tourisme-mulhouse.com

Genießen   Erleben   Erfahren

DuMont Aktiv

Auf den Spuren des Weins

Elsass und Wein gehören untrennbar zusammen. Riesling, Silvaner, Muscat, Gewürztraminer, Edelzwicker, Pinot blanc, gris oder noir – die Getränkekarten in der „Winstub" und im Restaurant sind voller Genüsse. Fast in jedem Ort laden Weinlehrpfade zu einem Spaziergang ein.

Seit 1984 dürfen sich die großen Gewächse des Elsass mit der Bezeichnung „Alsace Grand Cru" schmücken. 51 Einzellagen mit den Rebsorten Riesling, Gewürztraminer, Pinot Gris und Muscat tragen diese hohe Auszeichnung.

Sieben dieser großen Lagen verbindet der Weinlehrpfad „Les Perles du Vignoble". Der Weg führt durch die Weinberge der Gemeinden Riquewihr, Bennwihr, Mittelwihr, Beblenheim, Zellenberg und Hunawihr. Natürlich kann man auch um jeden Ort eine kleine Schleife von etwa einer Stunde ziehen und erfährt Wissenswertes über Traubensorten und die Arbeit im Weinberg. Meist trifft man einen Winzer an und kann ihm über die Schulter schauen – die Arbeit im Weinberg ruht nur während der Winterwochen. Von Mitte Juli bis Mitte September startet täglich eine geführte Besichtigung der Weinberge, natürlich mit Verkostung. Während der anschließenden Erntezeit sollten Touristen allerdings den Rebhängen fern bleiben.

Weitere Informationen

Wanderstrecke: 15 km. Voranmeldung zur geführten Wanderung erforderlich. Informationen zum Weinlehrpfad „Les Perles du Vignoble" bei den Verkehrsbüros in Ribeauvillé und Riquewihr (Office de tourisme Pays de Ribeauvillé-Riquewihr, 2, Rue de la 1ère Armée, F-68340 Riquewihr, Tel. 0033 (0)389 73 23 23, www.ribeauville-riquewihr.com). Alle Weinlehrpfade im Elsass unter www.vinsalsace.com.

Von viel Sonne verwöhnte Trauben sind die Grundlage jedes guten Weines.

Metropole am Rhein

Basel ist eine Stadt, die schnell die Herzen ihrer Besucher gewinnt, obwohl oder gerade weil sie so gegensätzlich ist. Schmale Gassen mit schönen kleinen Häusern stehen hochmodernen Bauten gegenüber, in denen Firmen und Banken zum Wohlstand beitragen. Ruhepunkte liegen am gemächlich dahinfließenden Rhein, von vorbeieilenden Geschäftsleuten auf dem Weg zum nächsten Meeting unbeachtet. Es ist diese besondere Atmosphäre vereinter Gegensätze, die Basels Flair ausmacht.

In Basel, Schnittpunkt von Schweiz, Frankreich und Deutschland, herrscht eine weltoffene und gelöste Stimmung.

Wo der Rhein nach Norden abbiegt, breitet sich heute die drittgrößte Stadt der Schweiz aus.
Neben der Schifflände zelebriert seit 1681 das Grandhotel „Les Trois Rois" Spitzenhotellerie.

Die Rheinpromenade gibt den Blick auf das Münster frei,
das Wahrzeichen von Basel.

Geruhsamer Fährverkehr
von Ufer zu Ufer

Basel und der Rhein
gehören zusammen
wie Paris und der
Eiffelturm – so
sagt man.

Basel liegt mitten im Dreiländer-eck Frankreich, Deutschland und Schweiz und damit – und das nicht im eigenen Verständnis – im Herzen Europas. Gern und intensiv blickt man hier über die Grenzen des eigenen Landes hinaus. Französisch, Deutsch, Italienisch, Schwyzerdütsch – in den Gassen der drittgrößten eidgenössischen Stadt stellt sich schnell das Gefühl ein, den Baslern gingen alle diese vielen Sprachen gleich flüssig über die Lippen. Weltoffen präsentiert sich die einstige fürstbischöfliche Residenz am Rheinknie, die eine der am besten erhaltenen Altstädte in ganz Europa besitzt und zugleich Aufsehen erregende Bauten inter-

national hochkarätiger Architekten der Gegenwart wie Richard Meier, Frank O. Gehry und Mario Botta.

Einen spektakulären Bau haben die Basler allerdings abgelehnt. Die irak-stämmige Stararchitektin Zaha Hadid sollte ein neues Stadt-Casino am Barfüßerplatz bauen – kaum ein Entwurf hat die Basler Bürgerschaft derart stark polarisiert. Und bei einer Volksabstimmung im Sommer 2007 sagten sie dann ein klares Nein zu dem Neubau, der den bestehenden Musiksaal im jetzigen Stadt-Casino integriert hätte. Dieser zählt wegen seiner einzigartigen Akustik zu den hochgeschätzten Konzertsälen der Welt.

Münster und Rathaus zählen zu den bekanntesten Sehenswürdigkeiten der Stadt. Der Kreuzgang und die beiden filigranen Türme gehören zum Münster (oben und unten rechts), der rote Figurenschmuck zum Rathaus (unten links).

Der Basler Morgenstraich macht auch vor den Hallen des Rathauses nicht halt.

Warum hier der Rubel rollt

Auch wenn der Name an eine Spielbank erinnert, das Stadt-Casino ist Basels Kultur- und Gesellschaftshaus. Und auch wenn im Casino Roulette und Black Jack Fremdworte sind, Geld spielt natürlich dennoch eine Rolle – in der Schweiz und in Basel nicht nur wegen zahlreicher Banken wie der Bank für Internationalen Zahlungsausgleich, der Zentralbank der Zentralbanken sozusagen. Schließlich sind in der nördlichsten Stadt der Eidgenossenschaft die meisten pharmazeutischen und chemischen Unternehmen Europas vertreten. Sie machen Basel zur erfolgreichsten schweizerischen Wirtschaftsregion und stellen im „Bio-Valley" grenzüberschreitend rund 300 000 Arbeitsplätze bereit. So wundert es nicht, dass man zahlreiche Fabrikkomplexe passieren muss, bis man endlich in den historischen Teil Basels gelangt.

Basel für Genießer

„Wir haben keinen See und keine Berge, aber alles cha mer net ha", hört man oft in Basel. Bei allen Superlativen, die die Stadt zu bieten hat, gehört ein gewisses Understatement zur Grundhaltung der Menschen, die dort leben. Darüber hinaus hat das Schwyzerdütsche seinen eigenen Charme, und manche Kritik klingt in diesem Idiom wesentlich freundlicher als im Hochdeutschen. Die

Der Schweizer Künstler Jean Tinguely ist für
seine maschinenartigen Skulpturen berühmt.

In den Gassen und Straßen der Altstadt
entfaltet sich das Basler Nachtleben.

1994 gestaltete Mario Botta
das USB-Bankgebäude am Aeschenplatz.

Durch eine Skulptur von Niki de Saint Phalle gelangt der Besucher in das Museum Tinguely. Die Künstlerin war mit Jean Tinguely verheiratet.

Einkaufen kann man in Basel schlichtweg alles, von den feinsten Pralinen bis zur Kollektion junger Designer.

Basler gehen auch nicht shoppen, sie sagen „Lädli go", wenn sie zum Einkaufsbummel in die Gassen der Altstadt aufbrechen. Und dabei kann es durchaus sein, dass sie die chicsten Boutiquen und teuersten Juweliere der Stadt ansteuern. Einkaufen kann man in Basel schlichtweg alles, von den feinsten Pralinen bis zu ausgefallener Kleidung junger Basler Designer. Täglich außer an Sonntagen stehen vormittags auf dem Marktplatz vor dem imposanten Rathaus bunte Marktstände mit Obst, Gemüse, Blumen, Käse, Brot und vielen weiteren Spezialitäten.

An einem Fensterplatz im traditionsreichen 1870 eröffneten „Caféhaus Schiesser" lässt sich das Kommen und Gehen, das Verhandeln und Diskutieren auf dem Marktplatz genüsslich beobachten. Die zarten Hörnchen, die hier Gipfeli genannt werden, und der wunderbare Kaffee ziehen Schüler und Studenten ebenso an wie Geschäftsleute und Touristen, die sich eine kurze Pause gönnen.

Leben mit dem großen Fluss

Pausen verbringen die Basler bei gutem Wetter auch gern am Rhein, dem inoffiziellen Wahrzeichen der Stadt. Einerseits ist der Fluss wichtiger Transportweg, andererseits schönes Freizeitgebiet für die Städter, ob für den Spaziergang an der Rheinpromenade oder gar für ein Bad im Fluss. Auf der Promenade hält mancher Spaziergänger den Atem an, wenn die Frachtschiffe eine der Brücken passieren, was nur mit Konzentration ohne Blessuren gelingt. Sie haben den Hafen von Basel zum Ziel oder kommen von dort, dem Dreh- und Angelpunkt der Schweizer Rohstoffversorgung und dem drittgrößtem Binnenhafen am Rhein.

Wer lediglich von Großbasel nach Kleinbasel will (oder umgekehrt) und etwas Zeit hat, kann sich von einer der vier Rheinfähren übersetzen lassen, die an Stahlseilen über den Fluss geführt werden. Sie sind seit Mitte des 19. Jahrhunderts zuverlässig im Einsatz. Wer festen Boden unter den Füßen bevorzugt, hat verschiedene Brücken für die Rheinüberquerung zur Auswahl.

Die Mittlere Brücke markiert einen der ältesten Übergänge über den Fluss. Die jetzige Brücke wurde allerdings erst Anfang des 20. Jahrhunderts gebaut. Auf ihrer Mitte steht immer noch das Käppelijoch, an dem im späten Mittelalter Todesurteile vollstreckt wurden. Auf der Großbaseler Seite findet sich ein Juwel unter den Schweizer Hotels: Im „Les Trois Rois" haben schon Kaiser Napoleon, Goethe und die Rolling Stones genächtigt.

Um 1855 wurde die Orangerie für die exotischen Pflanzen des Merianparks errichtet. Sie ist ein architektonisches Schmuckstück im neu erstellten Bauerngarten in Unter-Brüglingen.

Der Klangteppich der „Pfiffer" versetzt das sonst so nüchterne Basel in Fastnachtstaumel.

Rodins „Bürger von Calais" stehen vor dem Kunstmuseum.

Und noch mehr Tinguely in der Schweizer Kunsthauptstadt: der Fasnachtsbrunnen vor dem Basler Stadttheater

Fasnacht

Special

Basel im Ausnahmezustand

Die bunten Laternen der Basler Fasnacht

Der Morgenstraich, einst militärisches Trommelsignal zum Sammeln der Truppen, ist seit 1833 Auftakt der Basler Fasnacht, die 2017 zum Weltkulturerbe erklärt wurde. Am Montag nach Aschermittwoch erlöschen um 4.00 Uhr früh alle Lichter in der Stadt. Gespenstisch ist der Moment der absoluten Stille und Dunkelheit, bis sich kurz darauf trommelnde und Piccoloflöte spielende Gruppen in Gang setzen. Sie begleiten die rund 200 Laternenträger bei ihrem Zug durch die Altstadtgassen. Auf den Laternen sind die Geschehnisse des vergangenen Jahres persifliert, über die man sich in Basel lustig macht.

Allerdings sind diese Laternen für Nicht-Basler genauso schwer zu verstehen wie die Schnitzelbankgruppen, die am Montag- und Mittwochabend durch rund 30 Lokale ziehen und ihre Schnitzelbängge vortragen, in denen mit Worten das lustige und absurde Geschehen des zurück-liegenden Jahres auf die Schippe genommen wird. Wer sich aber von der Festfreude anstecken lässt und die schrägen Guggemusiken genießen kann, ist hier in seinem Element.

Ein Highlight sind auch die Umzüge an Montag und Mittwoch mit ihrer Mischung aus Lebensfreude und Melancholie, aus Totentanz und Mummenschanz. Pappnasen und Narrenkappen sind allerdings fehl am Platze.

Schweizer Kunsthauptstadt

Um nach Basel zu reisen, kann man natürlich ganz einfach sein Auto nehmen oder den Flieger, aber die Internationalität der Stadt zeigt sich auch an ihren drei Bahnhöfen im Herzen der Stadt: Der Badische Bahnhof wird für die aus Deutschland kommenden Züge genutzt, der Bahnhof SNCF für die Ankunft aus Frankreich, und direkt daneben dient der Schweizer Bahnhof SBB für alle Gäste aus der Schweiz.

Gründe, Basel einen Besuch abzustatten, gibt es also viele. Ein besonders häufiges Motiv für einen Basel-Trip ist ganz sicher das reiche kulturelle Angebot der Stadt. Rund 40 Museen – private Galerien einmal gar nicht eingerechnet – warten auf Besucher, von Raritäten wie dem Musikmuseum im ehemaligen Gefängnis oder dem kleinen Cartoonmuseum über das renommierte Kunstmuseum aus dem Jahr 1661, der ältesten öffentlichen Kunstsammlung der Welt, bis zum topmodernen HeK, dem Haus der elektronischen Künste.

Die Kunst spielt in der Kulturhauptstadt der Schweiz eben eine große Rolle, und das nicht nur im Frühsommer, wenn die Art Basel Kunstkenner aus der ganzen Welt anzieht und sich die Baseler einmal mehr genüsslich ihrer Internationalität bewusst werden.

Wasserparadiese

Erholsame Plätze am Wasser

Aufs Wasser zu schauen beruhigt, auch wenn das kühle Nass Wellen schlägt oder durch ein Flussbett rauscht. Es muss ja nicht immer gleich der Blick aufs Meer sein. Schon einen der originellen Brunnen in der Region zu beobachten oder sich an einen der Seen zu setzen, holt die Ruhe in den Reisealltag zurück. Oder man wandert zu einer der Oasen.

2 Opfinger Seen bei Freiburg

Kurz nachdem 2014 zum letzten Mal Bagger Kies aus dem großen Opfinger See holten, legte das Forstamt am Südufer Grillstellen, einen Beachvolleyballplatz, Slackline-Pfähle und eine Liegewiese an. Fertig war der Badesee. Der große „Opfinger" ist aber auch Teil des Landschaftsschutzgebiets Mooswald mit einer Biotopschutzzone im nördlichen Seeteil. Wer den See umwandert, kann von einer Plattform aus die geschützten Tiere beobachten. In der Nachbarschaft liegt der deutlich ruhigere kleine Opfinger See.

Anfahrt: Von der A5 Anschlussstelle Freiburg-Mitte über den Zubringer Richtung Freiburg. An der Abfahrt Haid Richtung Rieselfeld, dann rechts Richtung Opfingen.

1 Dreisamufer in Freiburg

Wer an der Kronenbrücke Richtung Dreisam abtaucht, kann sich entweder gleich ins Café Extrablatt bequemen und aufs Wasser schauen oder geht weiter Richtung Schwabentorbrücke und lässt sich auf einer der Sitzbänke oder einfach auf der Wiese nieder. Je nach Wasserstand plätschert der 29 Kilometer lange Fluss mal gemächlich dahin oder rauscht an einem vorbei. Letzteres machen allerdings manchmal auch Fahrradfahrer.

3 Feldsee am Feldberg

Meist ist der Wasserspiegel so glatt, dass sich die steilen Felswände des Feldbergs darin spiegeln. 32 Meter tief ist dieses fast kreisrunde Becken, das von Gletschern ausgehöhlt wurde und heute den Feldsee bildet. Nach Osten und Norden schließt sich ein Bannwald an, in dem die Natur seit Jahrzehnten macht, was sie will. Um das seltene Brachsenkraut zu schützen, ist Baden im See verboten. Um an diesen märchenhaften Platz zu gelangen, muss man einen Fußweg in Kauf nehmen.

Vom Wanderparkplatz Kunzenmoos in Feldberg-Bärental führt ein Wanderweg zum See (4 km). Abstieg vom Feldberg in der Nähe der Talstation des Lifts ist möglich, oder man erwandert den Feldsee über die große Runde des Feldbergsteigs (12 km).

4 Vier Kontinente in Colmar

Am Rand der Altstadt von Colmar schießen die Wasserfontänen auf der Place Rapp senkrecht aus dem Boden. Wenige Meter weiter, im anschließenden Park, steht der Bruat-Brunnen, der 1864 als erster Brunnen in Colmar mit einem System gebaut wurde, das solche kontinuierlichen Fontänen ermöglicht. Um den Brunnen sind Allegorien für Europa, Afrika, Asien und Amerika versammelt, gestaltet von Auguste Bartholdi, der auch die New Yorker Freiheitsstatue entworfen hat.

5 Lac Blanc und Lac Noir im Elsass

Eine halbe Autostunde von Kaysersberg entfernt – und schon ist man mitten im Gebirge. Der Lac Blanc ist der größte See des Département Haut-Rhin und Ausgangspunkt für eine Rundwanderung, die vom Parkplatz über den Sentier Cornelius zum Lac Noir, einem Karsee, führt. Anstrengender ist der Aufstieg zur Hochebene des Gazon de Faing, was mit Sicht auf die Vogesen aber gut belohnt wird. Zum Lac Blanc muss man dann allerdings wieder absteigen. Oder man geht den gleichen Weg vom Lac Noir einfach zurück.

Von Kaysersberg auf der D415 und D48 zum Parkplatz am Lac Blanc

6 Tinguely-Brunnen in Basel

Alles dreht sich, überall spritzt Wasser, es sei denn, es ist gerade tiefster Winter und die Brunnenfiguren sind mit einer Eisschicht überzogen. Jean Tinguely, der Meister der bewegten Kunst, die in Basel in einem eigenen Museum gezeigt wird, hat diesen Brunnen auf dem Theaterplatz geschaffen. Zehn Skulpturen, die der Künstler aus Teilen der ehemaligen Bühnenausstattung des Theaters konstruiert hat, werden mit Schwachstrommotoren angetrieben.

Tinguely-Brunnen, Ecke Klostergasse/Steinenberg, CH-4051 Basel

7 Rheinufer in Basel

Wenn die Basler schon keinen See haben, so nutzen sie eben den Rhein als solchen. Und das bedeutet auch, dass sie darin schwimmen. Entweder von einem der Badehäuser aus oder einfach so. Im Sommer kann man das von einer der Bars am Ufer aus beobachten oder von den Stufen des Kleinbasler Ufers. Oder bei einem Spaziergang entlang des Rheinufers, das dann (ganzjährig!) auf beiden Seiten des Flusses.

8 Kleine Camargue im Elsass

40 Libellenarten umschwirren die Besucher der Petite Camargue und teilen sich den Luftraum mit 174 Vogelarten. Das Wasser im ersten Naturschutzgebiet des Elsass haben seltene Fische, Reptilien und Amphibien erobert. Viele kleinere Wege führen durch die Auenlandschaft, die erahnen lässt, wie wild die Landschaft am Rhein einst war. Der Urwald der Petite Camargue fasziniert zu jeder Jahreszeit, nicht nur zur Orchideenblüte im Frühjahr.

La Petite Camargue Alsacienne, 1 Rue de la Pisciculture, F-68300 Saint-Louis, www.petitecamargue alsacienne.com

Weltläufige Gemütlichkeit

Basel ist eine durch und durch europäische Stadt. 1460 wurde in Basel die erste Universität der Schweiz gegründet. Sie prägt die Stadt bis heute, genauso wie die pharmazeutischen und chemischen Weltunternehmen, die sich am Rheinknie niedergelassen haben sowie die zahlreichen Museen für jedes Fachgebiet.

● Allgemein

Basel (200 000 Einw. im Kanton Basel-Stadt) vereint als Metropole der Nordwestschweiz internationale Unternehmen, kulturelle Vielfalt und das Konsumangebot einer Großstadt mit der Überschaubarkeit und Gemütlichkeit einer kleineren Stadt. Auf einem ehemaligen keltischen Siedlungsplatz entwickelte sich ein Bischofssitz, der mit der Reformation 1529 sein Ende fand. Protestanten brachten wirtschaftliche Innovationen und neue Handelsverbindungen nach Basel. 1758 begann Johann Rudolf Geigy mit der Farbenherstellung. Als Standort der Chemieindustrie und der Banken genießt Basel heute Weltruf.

INFORMATION
Basel Tourismus, Aeschenvorstadt 36, CH-4010 Basel,
Tel. 0041 (0) 61 268 68 68,
www.basel.com und www.bs.ch
Tourist-Informationen im Stadt-Casino am Barfüsserplatz und im Bahnhof SBB

Tipp

Souvenirs, Souvenirs

Klassiker wie ein Fondueset mit Kuhdesign oder eine Kuckucksuhr stehen in der Schneidergasse ebenso im Regal wie modernes Kunsthandwerk aus Glas oder Keramik. Beim Schweizer Heimatwerk findet man ein abwechslungsreiches Sortiment traditioneller und ausgefallener Mitbringsel. Das Label steht für Schweizer Qualität, Funktionalität und Design.

Schweizer Heimatwerk, Schneidergasse 2, Tel. 0041 (0)61 261 91 78, www.heimatwerk.ch; Di.–Fr. 10.00–18.30, Sa. 10.00–16.00 Uhr

● Sehenswert

Basels **❶ Marktplatz** ist ein guter Ausgangspunkt, um die Altstadt zu erkunden. Prächtig fällt das rote, urspr. gotische **Rathaus** ins Auge, Sitz der Kantonsregierung von Basel-Stadt und zugleich der Stadtregierung, das seit dem 14. Jh. an dieser Stelle steht. Sehenswert sind die Ratszimmer, der Innenhof mit seinen Wandmalereien, die Arkaden und der imposante Turm. Aus Anlass des Beitritts Basels in die Eidgenossenschaft ersetzte man zu Beginn des 16. Jhs. das Vorderhaus durch einen repräsentativen Neubau; an den Zinnen Wappen der zwölf damaligen eidgenössischen Kantone. Die Erweiterung des 17. Jhs. brachte eine Fassade mit gemalter Scheinarchitektur, die Erweiterung um 1900 u. a. den neugotischen Turm. Durch die Schneidergasse mit dem Restaurant „Hasenburg" und vorbei am **Fischmarkt** mit seinem gotischen Brunnen (Urspr. 14. Jh.), in dem Händler einst ihre Ware frisch hielten, gelangt man zur **Mittleren Brücke**. Über den Rheinsprung mit alten Handwerkerhäuschen und die Augustinergasse geht es zum **❸ Münsterplatz**, unterbrochen von Ausblicken auf den Rhein und Kleinbasel und vorbei am klassizistischen Naturhistorischen Museum.
Ein paar Schritte weiter erhebt sich das aus rotem Sandstein errichtete **Münster** mit bunten Ziegeln und den beiden schlanken Türmen; die einstige Bischofskirche wurde zwischen 1019 und 1500 in romanischem und gotischem Stil gebaut. Krypta und Chor (12. Jh.), das Grab des

Roter Sandstein ist ein Charakteristikum des prächtigen Basler Rathauses. Die Münstertürme überragen die Stadt.

Erasmus von Rotterdam (1465–1536), die Galluspforte (12. Jh.) im Norden und die beiden Kreuzgänge (15. Jh.) erinnern an die bewegte Baugeschichte (www.baslermuenster.ch; Sommer Mo.–Fr. 10.00–17.00, Sa. 10.00–16.00, So. und Fei. 11.30–17.00, Winter Mo.–Sa. 11.00 bis 16.00, So. und Fei. 11.30–16.00; Orgelmusik im Sommer Sa. 12.00–12.30 Uhr).
Der Münsterhügel ist zentraler Punkt der Basler Siedlungsgeschichte. Reste des **Keltenwalls** sind in der Rittergasse (Erdfenster) zu finden. Mitten auf dem Münsterplatz ist der abgedeckte Schacht eines **römischen Brunnens** zu erkennen, der bis zum Grundwasser des Rheins reicht. Spuren einer ersten Bischofskirche stammen aus karolingischer Zeit. Zu Beginn des 11. Jhs. stiftete Kaiser Heinrich II. Basel ein neues Münster. Dieses wurde durch den heutigen Bau ersetzt, der nach dem Erdbeben 1356 gotisch wiederhergestellt wurde.

Das größte Volksfest

„Z' Basel isch Mäss" – und alle gehen hin. Seit mehr als 500 Jahren feiern die Basler ihre Herbstmesse, genauer gesagt seit 1471, als Kaiser Friedrich III. dem Basler Bürgermeister Hannsen von Berenfels auf dem Reichstag zu Regensburg „für ewige Zeiten" die Messe bewilligte. Sie beginnt jeweils 14 Tage vor dem Martinstag, dem 11. November. Zwei Wochen lang locken verführerische Düfte von Zuckerwatte und anderen Speisen, verzaubern Lichterketten von Vergnügungsbahnen und dreht sich das Riesenrad hoch über der Stadt auf dem Münsterplatz. Die Basler Mess' lässt sich an mehreren Plätzen in der Stadt nieder, überall gibt es ein anderes Angebot. Sie ist das größte Volksfest in der Schweiz und der Region am Oberrhein.

WEITERE INFORMATIONEN UNTER
www.basel.com

Rundum bauten sich die Domherren ihr Palais. Von der Pfalz hinter dem Münster hat man einen guten Blick über den Rhein nach Kleinbasel und bis zu den Vogesen bzw. den Schwarzwaldhöhen.
Über Rittergasse und Mühlenberg gelangt man in die **St.-Alban-Vorstadt** mit engen Gässchen, traditionellem Handwerk und kleinen Wasserläufen. Die ⑮ **St.-Alban-Fähre** setzt nach Kleinbasel über, wo Rheinweg und Solitude-Promenade zum Museum Tinguely führen. Von der Stadtbefestigung blieben drei Stadttore: ⑯ **St.-Alban-Tor**, ⑪ **St.-Johanns-Tor** und ⑩ **Spalentor.** Letzteres ist 40 m hoch und das imposanteste; Güter aus dem Elsass gelangten hier in die Stadt. Die in der Nähe gelegene **Universität** ist die älteste der Schweiz, eine Volluniversität mit sieben Fakultäten, mehr als 70 Instituten und 13 000 Studierenden. Sie zählt zu den besten der Welt.
Von der Universität kommt man schnell wieder in die Gassen der Altstadt, in denen sich ein ausgefallenes Geschäft ans andere reiht.

● Museen

Basel besitzt rund 40 Museen, hier eine Auswahl: Die ⑥ **Kunsthalle** vermittelt seit 1872 aktuelle Kunst (Steinenberg 7, www.kunsthalle basel.ch; Di., Mi. und Fr. 11.00–18.00, Do. 11.00–20.30, Sa./So. 11.00–17.00 Uhr). Unter demselben Dach befindet sich das **Schweizerische Architekturmuseum** (www. sam -basel.org; gleiche Zeiten).
Schatzkammer Basels ist das ④ **Kunstmuseum**, 1661 als erstes bürgerliches Museum eröffnet und die älteste öffentliche

Kunstsammlung weltweit. In einem Erweiterungsbau in der Nähe des Stammhauses werden Sonderausstellungen sowie Schätze aus den Archiven gezeigt (St.-Alban-Graben 16, www.kunstmuseumbasel.ch; Di.–So. 10.00 bis 18.00, Do. bis 20.00 Uhr).
Schräg gegenüber liegt das **Antikenmuseum Basel** mit der Sammlung Ludwig, das antiker Kunst und Kultur des Mittelmeerraumes gewidmet ist (St.-Alban-Graben 5, www.antiken museumbasel.ch; Di.–So. 11.00–17.00, Do./Fr. bis 22.00 Uhr).
Nahe der immer wieder umgebauten Kirche St. Alban (Urspr. 13. Jh.) liegt, teils auf dem Gelände einer ehemaligen Papierfabrik, das
⑮ **Kunstmuseum Basel | Gegenwart**, das zum Kunstmuseum Basel gehört und in wechselnden Ausstellungen Kunst von den 1960er-Jahren bis in die unmittelbare Gegenwart zeigt (St.-Alban-Rheinweg 60, www. kunstmuseumbasel.ch; Di.–So. 10.00–18.00, Do. bis 20.00 Uhr).
Skulpturen aus Metallteilen setzen sich auf Knopfdruck in Bewegung und lassen es scheppern und krachen: Das ⑭ **Jean Tinguely** gewidmete Museum zeigt seit 1991 dessen ungewöhnlichen Werke (Paul-Sacher-Anlage 1, www.tinguely.ch; Di.–So. 11.00–18.00 Uhr).
In einem spätgotischen Bau ist das ⑰ **Karikatur- & Cartoonmuseum** zu finden (St.-Alban-Vorstadt 28, www.cartoonmuseum.ch; Di.–So. 11.00–17.00 Uhr).
Das ③ **Museum der Kulturen** ist das größte ethnologische der Schweiz. Die Sammlungen zu Südsee, Altamerika, Tibet und Bali sowie seine Textilien genießen Weltruf. Seine Erweiterung durch die Architekten Herzog & de Meuron setzt städtebauliche Akzente (Münsterplatz 20, www.mkb.ch; Di.–So. 10.00–17.00 Uhr).
Im ② **Naturhistorischen Museum** kann man auf eine Reise in die Vergangenheit bis zur Entstehung der Erde gehen (Augustinergasse 2, www.nmbs.ch; Di.–So. 10.00–17.00 Uhr).
Erinnerungen an die Kinderzeit werden im
⑦ **Spielzeug Welten Museum Basel** bei allen Generationen wach (Steinenvorstadt 1, www.swmb.museum; Jan.–Nov. Di.–So. 10.00 bis 18.00 Uhr, im Dez. tgl.).
In ungewöhnlicher Umgebung ist das
⑨ **Musikmuseum** untergebracht, Teil des Historischen Museums Basel. In 24 Zellen eines ehem. Gefängnisses werden Musikinstrumente gezeigt; eine der Zellen erinnert noch an Haftzeiten (Im Lohnhof 9, www.hmb.ch; Mi. bis So. 11.00–17.00 Uhr). Weitere Standorte des Historischen Museums sind die ⑧ **Barfüsserkirche** mit Kunst, Kunsthandwerk und Alltagskultur (Barfüsserplatz, www.hmb.ch; Di.–So. 10.00–17.00 Uhr), das ⑤ **Haus Zum Kirschgarten**, das bürgerliche Wohnkultur in Basel zeigt (Elisabethenstrasse 27/29, www.hmb.ch; Mi.–So. 11.00–17.00 Uhr).
Der technischen und kulturellen Entwicklung von Papier, Schrift und Druck ist die ⑮ **Basler Papiermühle** gewidmet, letzte einer ganzen Reihe Wassermühlen am im 12. Jh. gegrabenen St.-Alban-Kanal (St.-Alban-Tal 37, www.papier museum.ch; Di.–Fr. und So. 11.00–17.00, Sa. 13.00–17.00 Uhr).

Abends im Banken- und Geschäftsviertel; „Helvetia" blickt von Basels Mittlerer Brücke rheinabwärts Richtung St. Johann.

Die ⑫ **Verkehrsdrehscheibe Schweiz** mitten im Basler Rheinhafen Kleinhüningen gewährt Einblicke in die Schweizer Schifffahrt im Zusammenwirken mit Schienen-, Straßen- und Luftverkehr (Westquaistrasse 2, www.verkehrs drehscheibe.ch; Jan./Feb. Di., Sa., So. 10.00 bis 17.00, März–Dez. Di.–So. 10.00–17.00, im Sommer nur Fr.–So.).

● Aktivitäten

Basel lässt sich gut zu Fuß, mit der Oldtimer-Straßenbahn, bei einer Rundfahrt mit dem Bus oder während einer Rheinschiffstour mit der Basler Personenschifffahrt erkunden (Reservierungen Tel. 0041 (0)61 639 95 00, www.bpg.

Immer Weihnachten

Was trägt der Weihnachtsbaum in diesem Jahr? Bei Johann Wanner, dem weltweit bekanntesten Händler von mundgeblasenem und handbemaltem Christbaumschmuck, ist das ganze Jahr über Weihnachten. Adventskalender aus Papier mit uralten und modernen Motiven verkürzen die Wartezeit aufs schönste Fest im Jahr.

Johann Wanner Weihnachtshaus, Spalenberg 14, Tel. 0041 (0)61 261 48 26, Mo. 12.30–18.30, Di.–So. ab 10.00, Sa./So. bis 17.00 Uhr, www.johannwanner.ch

ch). **Stadtrundgänge** sind als Smartphone-Apps erhältlich.

Einen grandiosen Überblick über Basel bietet die „BarRouge" auf dem 105 m hohen ⑬ **Messeturm** (www.barrouge.ch; tgl. ab 17.00 Uhr). Samstags kann man bei Führungen den Roche-Turm erkunden und aus dem 38. Stockwerk über die Stadt schauen (Grenzacherstraße 124, www.roche.ch; Sa. 60-minütige Führungen, Anmeldung über Homepage). Der ⑲ **Basler Zoo**, liebevoll Zolli genannt, gilt als einer der schönsten Tiergärten in Europa. (Binninger Strasse 40, www.zoobasel.ch; tgl. 8.00–17.30/18.30 Uhr). Der ⑩ **Botanische Garten der Universität** ist u. a. für seine Orchideen bekannt (Spalengraben 8, www.botgarten.unibas.ch; Garten April–Okt. tgl. 8.00 bis 18.00, sonst tgl. 8.00–17.00, Gewächshäuser tgl. 9.00–17.00 Uhr). Ein weiterer ⑱ **Botanischer Garten (Merian-Gärten)** und schöner Landschaftspark liegt im Südosten Basels (Vorder Brüglingen 5, www.meriangaerten.ch; tgl. 8.00 Uhr bis Einbruch der Dunkelheit).

● **Veranstaltungen**

Basel bietet jedes Jahr zwei Messen mit Weltgeltung: die **Uhren- und Schmuckmesse Basel World** im Frühjahr und die **Kunstmesse Art Basel** im Frühsommer. Höhepunkt zum Winterende ist die **Fasnacht** TOPZIEL, die mit dem berühmten Morgenstraich beginnt. Zu den 72 Stunden Basler Fasnacht von Montagmorgen nach Aschermittwoch um 4.00 Uhr bis Donnerstagmorgen um 4.00 Uhr gehören auch die Cortèges genannten Umzüge der rund 12 000 Maskenträger Mo. und Mi. um 13.30 Uhr. Wichtig ist, eine Plakette zu kaufen, denn damit unterstützt man diese traditionsreiche Veranstaltung.

Zum **Nationalfeiertag** der Schweizer am 1. Aug. entzünden die Basler am Vorabend ein großes Feuerwerk. Rund um den 1. Aug. legt das Kulturfloß für mehrere Wochen bei der Mittleren Rheinbrücke auf Kleinbaseler Seite an. Im Herbst amüsiert zwei Wochen lang vor Martini (11. Nov.) die **Herbst Messe**. Am Sa. vor dem 1. Advent öffnet der **Weihnachtsmarkt** auf dem Barfüsserplatz mit rund 150 Ständen (www.baslerweihnacht.ch).

● **Hotel und Restaurants**

€ € **Au Violon**: originelles Hotel mit 20 kleinen Zimmern im ehem. Untersuchungsgefängnis (Im Lohnhof 4, CH-4051 Basel, Tel. 0041 (0)61 269 87 11, www.au-violon.com).

€ € € **Hasenburg**: Das „Château Lapin" ist bekannt für seine Rösti, ist urgemütlich, ob an den Holztischen im Erdgeschoss oder im ersten Obergeschoss (Schneidergasse 20, Tel. 0041 (0)61 261 32 58, www.chateaulapin.ch).

€ € € **Zum Braunen Mutz**: ein bereits 1913 eröffneter Baseler Klassiker mit regionaler und saisonaler Schweizer Speisekarte (Barfüsserplatz 10, Tel. 0041 (0)61 261 33 69, www.brauner-mutz-basel.ch).

Genießen   Erleben   Erfahren

DuMont
Aktiv

Romanze im Dunklen

„Jetzt küsst Euch doch endlich", wünschen sich die Zuschauer am Ende – doch ihre Bitte wird nicht erhört. Wie soll es auch ein Happy End geben zwischen einem Nachtwächter und einer Offiziersgattin? Der historische Stadtrundgang „Des Nachts in dunklen Gassen" im St.-Alban-Viertel fesselt Menschen jeden Alters.

Wenn sich Nachtwächter Rudolf Streiff donnerstags auf seinen Kontrollgang durch die Vorstadt St. Alban macht, nimmt er all diejenigen mit, die den historischen Stadtrundgang beim Basler Tourismusbüro gebucht haben. Für sie bringt er Licht in die Aufgaben eines Nachtwächters von anno dazumal, in die Gepflogenheiten in St. Alban, wo der „niedere Pöbel" unten im Quartier lebt und die „besseren Herrschaften" weiter oben und wo einst 13 Mühlen betrieben wurden. Immer wieder begegnet die Gruppe der Offiziersgattin Helena Hoffmann Merian, und keinem bleibt verborgen, dass sich die beiden (unglücklich) lieben.

Die Zuschauer lassen sich von diesen Geschichten aus der Geschichte fesseln. Die Schauspieler Salomé Jantz und David Bröckelmann schlüpfen seit 2007 bei jedem Wetter gern in ihre Rollen – auch wenn es kein Happy End für die beiden gibt. Zumindest nicht auf der (Straßen-)Bühne.

Weitere Informationen

Nachtwächterrundgang: „Des Nachts in dunklen Gassen" April–Sept. Do. 21.00, Okt.–März Do. 19.00 Uhr.
Weitere szenische Rundgänge: „Hinter verschlossenen Türen" und „Aus den Federn, Schreiber!". Tickets und weitere Details bei Basel Tourismus und den Tourist-Informationen, Tel. 0041 (0)61 268 68 68, www.basel.com.
Informationen zu den Schauspielern unter www.salomejantz.ch und www.basel.com.

Ob mit dem Nachtwächter in dunklen Gassen oder mit dem Schreiber in dunklen Zeiten unterwegs – interessante Geschichten über Basels Geschichte sind garantiert.

Ein Stück Europa ohne Grenzen

Schlicht „Regio" nennt sich das Dreiländereck, in der ein grenzenloses Europa schon Wirklichkeit geworden zu sein scheint. Architekten aus aller Welt pilgern hierher, um zu bestaunen, was die Stars der Szene zwischen Weil am Rhein und Basel alles geschaffen haben. Im Zusammenspiel mit den Bauwerken, die vor mehr als 2000 Jahren unter Roms Herrschaft entstanden sind, wird Geschichte erlebbar.

Die beeindruckende Burgruine Rötteln bei Lörrach: Wer will, kann hoch über dem Wiesental einkehren, speisen oder auch heiraten.

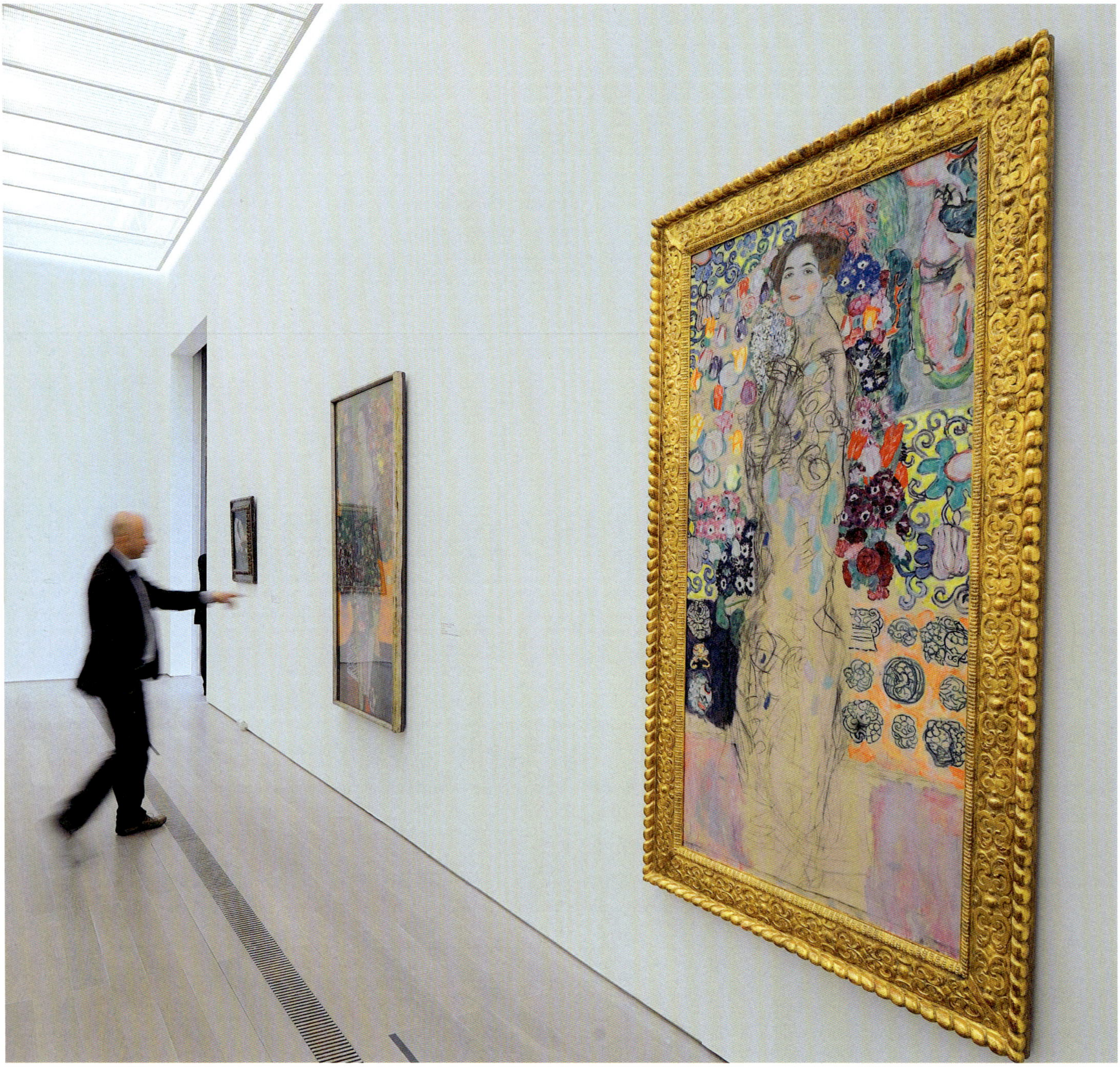

Mit der Fondation Beyeler in Basel-Riehen besitzt das Dreiländereck einen
der herausragendsten Orte, um Kunst zu genießen.

2000 Jahre vor Renzo Piano: Das Theater der
römischen Stadt Augusta Raurica hat die
damaligen Zeitgenossen sicher auch begeistert.

Den Museumsbau der Fondation Beyeler
entwarf der Stararchitekt Renzo Piano.

Das Goetheanum in Dornach ist Sitz der Anthroposophischen Gesellschaft
und wurde von Rudolf Steiner entworfen.

Special

Augusta Raurica

Die Perle Roms am Hochrhein

Unweit von Basel erinnern die Ausgrabungen bei Kaiseraugst an Augusta Raurica, um 45 v. Chr. gegründet und damit die älteste römische Siedlung in der Schweiz. Heute zeigt das große archäologische Freilichtmuseum das Leben zur Zeit der Römer.

Von keiner anderen Stadt sind so viele Münzen, Götterstatuen, Fibeln und Gläser wissenschaftlich aufgearbeitet wie von Augusta Raurica, einst ein Zentrum antiker Kultur am Rhein. Rund 20 000 Menschen lebten hier zur Blütezeit des Kastells, seinerzeit ein Hauptumschlagsplatz des Warenverkehrs über die Alpen. Einblicke in den Alltag vermittelt das Römerhaus mit Küche, Bankettsaal, Baderäumen und Schlafzimmer. Schmiede, Bronzegießerei, Fleischräucherei und Schankstube zählten ebenso dazu. Das römische Theater ist die am besten erhaltene antike Anlage nördlich der Alpen. Da-

Kochen am antiken Herd

hinter liegen die Curia, die 100 Ratsherren Platz bot, und eine Badeanlage mit Brunnenhaus.

Sensationell war 1961 die Entdeckung eines Silberschatzes (datiert auf um 352 n. Chr.), den ein Bagger dem Erdreich entriss. Jetzt kann man die Silbergeräte und Münzen im Museum besichtigen, der wohl vor anstürmenden Alemannen in Sicherheit gebracht worden war. Um 400 n. Chr. zogen die römischen Truppen ab.

Seit dem Versailler Vertrag von 1919 leben die Menschen im Dreiländereck zwar in einer Region, aber in drei Staaten, genauer gesagt am Rand von drei Staaten. Sie sind umgeben von Grenzen, die heute zwar mehr oder minder offen sind, lange aber Einschränkungen bedeuteten. Was sich Schmuggler alles einfallen ließen, um den Zollbeamten ein Schnippchen zu schlagen, zeigt die Ausstellung im Museum am Burghof von Lörrach. Dies ist aber nur ein Teil der Sammlung zur Geschichte der fast 9000 Quadratkilometer umfassenden „Regio", die Südbaden, die Nordwestschweiz und das Oberelsass verbindet.

Kunst in Lörrach

Das Lörracher Museum hat mit dem Kultur- und Veranstaltungszentrum Burghof einen interessanten Nachbarn. Das Gebäude aus Beton, Klinkerstein, Stahl und Glas wirkt von außen wie ein schmales, hohes Schiff. An der Pyramide am Burghof beginnt der Lörracher Skulpturenweg, der zu weiteren Kunstwerken in der Stadt führt. Dieser Rundgang durch die Stadt zeigt demonstrativ ihren Wandel vom industriellen Zentrum des Markgräflerlandes – mit dem im Niedergang begriffenen Schwerpunkt Textilindustrie – zum modernen Kultur- und Dienstleistungszentrum.

Eine idyllische Wasserburg: Schloss Reichenstein,
auch Inzlinger Wasserschloss genannt

Heute ist das Wasserschloss das Rathaus der Gemeinde Inzlingen –
und im dort ebenfalls heimischen Restaurant zeigen Köche ihre Künste.

Ein besonderes Geschenk

Architektur spielt nicht nur im südbadischen Teil der Regio eine große Rolle. Lediglich einen Steinwurf entfernt – in Riehen, kurz hinter der Deutsch-Schweizer Grenze – hat Renzo Piano das Domizil der Fondation Beyeler entworfen. Hinter einer Porphyrmauer glaubt man, in einer anderen Welt zu sein. Kunst, Gebäude und Natur bilden eindrucksvoll eine Einheit. Der Galerist Ernst Beyeler hatte schon früh eine Leidenschaft für Kunst entdeckt, aber auch seine glückliche Hand bei der Auswahl zeitgenössischer Werke. Nun lebt ein Galerist ja eher vom Verkauf der Kunstwerke als davon, sie zu behalten, aber als geschickter Kaufmann hat Beyeler einen Weg gefunden, Geschäft und Leidenschaft zu vereinen.

Im Domizil der Fondation Beyeler glaubt man, in einer anderen Welt zu sein.

Grenzgänger einst und jetzt

Vor mehr als 2000 Jahren standen in dieser Ecke der Regio schon einmal beeindruckende Bauwerke. Heute erinnern nur noch Reste an Augusta Raurica, einst Kolonie und Stützpunkt römischer Truppen nördlich der Alpen. Auch wenn die Römer gute Brückenbauer waren, eine 248 Meter lange Querung über den Rhein zu bauen, wäre seinerzeit unvorstellbar gewesen. Diese längste Fußgängerbrücke der Welt erstreckt sich von Weil über den Rhein nach Huningue im Elsass und ist eine der Verbindungen in der Regio. Die mehr als zwei Millionen Menschen, die hier im Zentrum Europas leben, wissen um ihre Gemeinsamkeiten in Sprache, Kultur und als Wirtschaftsraum. Dass sich Basel, Mulhouse und Freiburg zum EuroAirport zusammengefunden haben, ist dabei nur ein Aspekt. Tägliche Grenzübergänge, um im Nachbarland zu arbeiten, sind eine Selbstverständlichkeit.

Die Röttler Kirche in Lörrach beherbergt das Grab Annas von Freiburg.

ARCHITEKTUR

Bauherren mit Mut zur Innovation

Tief im Süden Deutschlands und hoch im Norden der Schweiz entstand und entsteht ein Spitzenplatz der internationalen Architekturszene – eine weltweit einmalige Sammlung hochkarätiger Gegenwartsarchitektur.

Frank O. Gehry entwarf das Vitra
Design Museum in Weil am Rhein,
das Baseler Architekturbüro Herzog &
De Meuron das Vitra-Haus (links).

Als Rolf Fehlbaum 1981 vor den verkohlten Überresten der Produktionsanlagen seiner Möbelfirma Vitra stand, begriff er das Desaster als Chance, das „Projekt Vitra" um ein Architekturprojekt zu ergänzen und dem anspruchsvollen Möbeldesign ein exzellentes Architekturkonzept an die Seite zu stellen. Nicholas Grimshaw baute die ersten neuen Produktionshallen, aber von dessen Konzept einer homogenen Bebauung des Vitra-Geländes in Weil am Rhein rückte Firmenchef Fehlbaum ab, als er Frank O. Gehry kennenlernte. Mit dem Bau des Vitra Design Museums, Gehrys erstem Werk in Europa, begann eine einmalige Architektursammlung. Sechs der Architekten, die in Weil am Rhein gebaut haben, sind mit dem Pritzker-Preis ausgezeichnet worden, dem weltweit renommiertesten Preis im Bereich Architektur. Rolf Fehlbaum hatte sie alle vor der Auszeichnung engagiert, was für sein untrügliches Gespür für Qualität spricht. Führungen durch diesen einzigartigen Architekturpark werden täglich angeboten.

Neben solch hochkarätigen Architekten braucht es natürlich auch mutige und für Neues offene Bauherren, um eine solche Architekturoase zu schaffen. Rolf Fehlbaum ist einer von ihnen. Andere sind beispielsweise die Credit Suisse, die Richard Meier beauftragte, das Euregio-Gebäude in der Nähe des Bahnhofs SBB zu bauen, der Kunsthändler Ernst Beyeler, der von Renzo Piano in Riehen ein Museum für seine Kunstsammlung bauen ließ und der Unternehmer Paul Sacher, der dafür sorgte, dass Mario Botta die bewegte Kunst von Jean Tinguely passend umhüllte, sind weitere Beispiele innovativer Bauherren in der Regio. Aber auch das ehrgeizige Bauprogramm des Kantonalen Hochbauamtes in Basel sorgt dafür, dass sich neben historischen Bauten eine moderne Stadt entwickeln kann. Bei drei Architekturspaziergängen durch Basel können sich Besucher alle namhaften Entwürfe ansehen, die verwirklicht wurden. In Zusammenarbeit mit dem Schweizerischen Architekturmuseum (S AM) hat das Tourismusbüro eine Broschüre herausgegeben, die alle sehenswerten Gebäude in und um Basel herum verzeichnet. Das „S AM", mitten in der Stadt gelegen, versteht sich als Zentrum des Architekturdiskurses in der Schweiz. Wo wäre es besser angesiedelt als in dieser reichen architektonischen Umgebung?

Gerrit Thomas Rietveld kreierte den
„Zig-Zag"-Stuhl, ausgestellt im Vitra
Design Museum in Weil am Rhein.

Fakten & Informationen

Architekturführungen auf dem Vitra-Gelände:
(www.vitra.com) tgl. 11.00, 13.30 und 15.00 Uhr
Schweizerisches Architekturmuseum: (Steinenberg 7, www.sam-basel.org) Di., Mi., Fr. 11.00–18.00, Do. 11.00 bis 20.30, Sa. und So. 11.00–17.00 Uhr
Auswahl sehenswerter Gebäude in Basel:
Schaulager, Ruchfeldstraße 19 (Herzog & de Meuron)
Bankgebäude, Aeschenplatz 1 (Mario Botta)
Messeturm, Messeplatz 12 (Morger & Degelo)

Unterwegs im „Baselbiet"

Das Dreiländereck rund um die Metropole Basel gilt als Dorado für Architekten und Freunde zeitgenössischen Bauens. Darüber hinaus bietet es auch in Sachen moderner Kunst, Geschichte und Technik manche Höhepunkte. Und nicht zuletzt schafft es Naturfreunden mit Rhein und Jura einige Freiräume.

① Weil am Rhein

Weil (30 000 Einw.) bildet mit seinen vielen Ortsteilen und dem benachbarten Lörrach ein sogenanntes Oberzentrum und wird durch seine Lage im Ballungsraum Basel bestimmt. 786 erstmals genannt, waren die folgenden Jahrhunderte von Landwirtschaft und Weinbau geprägt. 1913 wurde der Rangierbahnhof Basel-Weil eröffnet; in der Folge entwickelte sich Weil zum industriellen Zentrum.

SEHENSWERT

Seit mehr als 50 Jahren stellt die Firma **Vitra** in Zusammenarbeit mit bedeutenden Designern Möbel für Zuhause, Büros und den öffentlichen Raum her. Nach einem Großbrand 1981 beauftragte das Unternehmen den englischen Architekten Nicholas Grimshaw mit dem Wiederaufbau eines Gebäudes. Seit dieser Zeit ist der Campus zu einer Art Werkschau berühmter zeitgenössischer Architekten geworden (siehe auch S. 110) – deshalb bietet das **Vitra Design Museum TOPZIEL** Architekturführungen an.

Radfahrer nahe dem Vitra Design Museum; Verbindet Kunst und Natur: Fondation Beyeler; Im Vitra Design Museum (rechts unten)

Tipp

Museumspass

Kulturgenuss kann teuer werden, wenn man in einem Gebiet wie der Regio unterwegs ist, in der sich interessante und spannende Museen häufen. Da rechnet sich selbst für Urlauber der Oberrheinische Museumspass, der ein Jahr lang freien Eintritt in mehr als 320 Museen zwischen Mannheim und Basel, Colmar und Pforzheim oder Villingen-Schwenningen garantiert – auch für Sonderausstellungen. Fünf Kinder bis 18 Jahre gehen kostenfrei mit. Erhältlich ist der Pass in allen Mitgliedsmuseen oder unter www. museumspass.com für 108.– €.

Beginn ist beim Museum, das Frank O. Gehry wie eine verschachtelte Skulptur entwarf (1989). Urspr. Ausstellungsraum für die Stühle-Sammlung der Firma, werden jetzt wechselnde Ausstellungen zu Design und Wohnkultur gezeigt. Durch eine Pforte Frank O. Gehrys und vorbei an seinem Produktionsgebäude gelangen Besucher zur Produktionshalle (1994) des Portugiesen Alvaro Siza. Das Feuerwehrhaus (1993, heute Veranstaltungsraum) von Zaha Hadid kommt ohne rechte Winkel aus. Gegenüber steht der neueste Bau auf dem Campus: das Schaudepot, entworfen von dem Basler Architekten Herzog & de Meuron, das die Vitra-Designsammlung präsentiert. Minimalismus bestimmt den von Tadao Ando entworfenen Konferenz-Pavillon (1993); wer die Betonwand, die zum Eingang hinführt, genau betrachtet, wird Abdrücke von Kirschbaumblättern finden, von den benachbarten Bäumen auf den feuchten Beton geweht. Die Möbelkollektion präsentiert sich den Besuchern im **VitraHaus** von Herzog & de Meuron auf sehr ungewöhnliche Art und Weise (Charles-Eames-Straße 1, www.design-museum.de und www.vitra.com; tgl. 10.00 bis 18.00, Führungen Design Museum Sa./So. und

Fei. 11.30, Schaulager Sa./So. 13.00, Architekturführungen tgl. 11.00, 13.30 und 15.00 Uhr).

INFORMATION

Tourist-Information, Hauptstraße 290/1, 79576 Weil am Rhein, Tel. 07621/4 22 04 40, www.w-wt.de

② Lörrach

Die Große Kreisstadt mit 49 000 Einw. ist Verwaltungssitz des gleichnamigen Landkreises. Im Schatten der Burg Rötteln entwickelte sich ab 1100 das Dorf, das im 15. Jh. Marktrecht erhielt und von seiner Lage an Nord-Süd-Verbindungen profitierte. Zahlreiche kriegerische Auseinandersetzungen im 17. und 18. Jh. beeinträchtigten die Entwicklung sehr. Dennoch konnte Lörrach am Aufschwung des Wirtschaftsraums Basel teilhaben. Wohl bekann-

testes Industrieunternehmen ist die Schokoladenfabrik von Kraft Foods, besser unter dem Markennamen Milka bekannt.

SEHENSWERT

Einen guten Blick auf Lörrach und das Dreiländereck hat man von der **Burgruine Rötteln**. Im 11. Jh. erbaut, ging die Burg 1316 an die Markgrafen von Hachberg-Sausenburg, die sie zu einer der mächtigsten Festungen Südwestdeutschlands ausbauten. Beim Bauernaufstand 1525 geplündert und im Dreißigjährigen Krieg beschädigt, wurde sie 1678 während des Holländischen Kriegs zerstört. Die beiden Türme kann man besteigen. In der Landschreiberei ist ein Museum untergebracht, das u. a. Modelle der Burg zeigt. Im Sommer bietet die Burgruine den Rahmen für Freilichtspiele (www.burgruine-roetteln.de; Mitte März–Mitte Nov. tgl. 10.00–18.00, sonst Sa., So. und Fei. 11.00–16.00 Uhr).
Der **Lörracher Burghof** ist ein modernes Veranstaltungszentrum (1998) und hat sich zu einem wichtigen Kulturbestandteil der Regio entwickelt. Das benachbarte **Museum am Burghof** beleuchtet in der Ausstellung Expo TriRhena Vergangenheit, Gegenwart und Zukunft der Regio – beispielsweise: Welche Gemeinsamkeiten verbinden die drei Länder, wie kam es zur Dreiteilung, wohin entwickelt sich die Regio (Basler Straße 143, www.museum-am-burghof.de; Di.–So. 11.00–18.00 Uhr)? Bei der Pyramide des amerikanischen Konzeptkünstlers Bruce Nauman beginnt am Burghof der **Lörracher Skulpturenweg** mit 22 Stationen quer durch die Innenstadt.

AKTIVITÄTEN

Selbsterfahrung und viel Spaß verspricht der **Erlebniskletterwald**. Künstliche Hindernisse

Naturidyll im Schwarzwald;
Blick auf das römische Badeleben im Freilichtmuseum Augusta Raurica

wurden in den Baumbestand integriert (neben der Jugendherberge, Steinenweg 42, Lörrach-Stetten, www.erlebniskletterwald.de; April bis Okt. tgl. 10.30/13.00–17.00/19.00 Uhr). Lörrachs **Markt** ist ein Muss. Mit dem Marktrecht sollte 1403 ein Gegengewicht zu Basel geschaffen werden. Heute werden hier regionale **Spezialitäten** angeboten, auch viele Schweizer Kunden kaufen hier ein (Neuer Marktplatz; Sa., Di., Do. 7.00–13.00 Uhr).

VERANSTALTUNGEN

Das „Stimmen"-Festival in Lörrach ist eines der großen Musikereignisse der Regio. Im Sommer sind Konzerte der unterschiedlichsten Musikrichtungen auf dem Marktplatz in Lörrach und an diversen Stellen der Region Basel und Elsass zu hören (www.stimmen.com).

HOTEL UND RESTAURANT

€ € **Hotel-Restaurant am Burghof:** kleines Hotel mit ambitionierter mediterraner und regionaler Küche (79539 Lörrach, Herrenstraße 3, Tel. 07621/94 03 80, www.amburghof.de).
€ € **Zum wilden Mann:** Restaurant mit guter Weinauswahl; regionale Küche (Lörrach, Basler Straße 172/Am alten Markt, Tel. 07621/37 39, www.zum-wilden-mann.com).

INFORMATION

Tourist-Information,
Basler Straße 170, 79539 Lörrach,
Tel. 07621/41 51 20, www.loerrach.de

③ Riehen

Die zu Basel gehörende Landgemeinde (21 000 Einw.) genießt seit dem 17. Jh. einen Ruf als Künstlerort.

MUSEEN

127 m misst das Gebäude der **Fondation Beyeler** TOPZIEL, 1997 entworfen vom Genueser Architekten Renzo Piano. In 50 Jahren trug das Sammlerehepaar Hildy und Ernst Beyeler parallel zu seiner Galeristentätigkeit in Basel ausgesuchte Werke der klassischen Moderne zusammen. 1982 wurde die Sammlung in eine Stiftung überführt, die heute rund 200 Bilder und Skulpturen umfasst und eine persönlich geprägte Sicht auf die klassische Moderne dokumentiert, orientiert aber an strengen Qualitätsmaßstäben. Große Künstlernamen sind

vertreten und werden in einem Gebäude präsentiert, das sich stark zurücknimmt und zugleich Kunst und Natur verbindet. (Baselstrasse 101, www.fondationbeyeler.ch; tgl. 10.00–18.00, Mi. 10.00–20.00 Uhr).
Einige Häuser weiter zeigt der **Kunst Raum Riehen** zeitgenössische Kunst in alter bäuerlicher Architektur (Baselstraße 71, www.kunstraumriehen.ch; bei Ausstellungen Mi.–Fr. 13.00 bis 18.00, Sa./So. 11.00–18.00 Uhr). Das burgartige Wettsteinhaus (17. Jh.) ist Heimstatt des **Spielzeug-, Dorf- und Rebbaumuseums** (Baselstrasse 34, www.spielzeugmuseum riehen.ch; Mi.–Mo. 11.00–17.00, Do. ab 9.00 Uhr).

UMGEBUNG

Weiter östl. liegt hinter Grenze und Wald **Inzlingen** mit seinem Wasserschloss (um 1500), das heute ein Restaurant und die Gemeindeverwaltung beherbergt.

④ Augst

Augst 1000 Einw.) und Kaiseraugst (5600 Einw.) im Baseler Ballungsraum haben ihren Ursprung in der römischen Stadt Augusta Raurica.

SEHENSWERT

Jahrzehntelange Grabungen zwischen Ergolz, Violenbach und Autobahn und deren Auswertungen vermitteln einen Einblick in den Alltag einer römischen Großstadt vor 2000 Jahren, als 20 000 Menschen **Augusta Raurica** bevölkerten (tgl. 10.00–17.00 Uhr; aktuelle Grabungen und weitere Informationen auf www.augusta-raurica.ch). Im Sommer wird das antike Theater bespielt (www.theater-augusta-raurica.ch). Eine ganz andere Welt spiegelt das mächtige **Wasserkraftwerk** mit seinem den Rhein sperrenden Stauwehr, 1912 in Betrieb genommen und 1994 auf 34 Megawatt Leistung erweitert, was etwa dem Verbrauch von 62 500 Haushalten entspricht. Führungen: Energie Zukunft Schweiz (www.kwa.ch).

AKTIVITÄTEN

Der **Rheinpfad** zwischen Augst und Basel will die Bedeutung des Lebensraums Rhein für die Region ins Bewusstsein rücken. Themen, die entlang des Wegs angesprochen werden, sind u. a. Fischerei, Schifffahrt, Rheinhäfen, Flößerei, die Basler Fähren und die Fledermäuse am Rhein. Darüber hinaus wird eine Vielzahl von Veranstaltungen und Führungen angeboten (AG Rheinpfad, Tel. 0041 (0)61 686 96 96, www.rheinpfad.ch).

⑤ Binningen

Auch diese mittlerweile 1000-jährige Gemeinde (15 000 Einw.) ist heute ein Vorort Basels. Ihr ehem. Wasserschloss (Urspr. 13. Jh.) beherbergt heute ein nobles Restaurant.

SEHENSWERT

Seit dem frühen Mittelalter überragt auf einem Hügel die **St. Margarethen-Kirche** Binningen, vermutlich auf einem keltischen Heiligtum errichtet. Der sog. Winkelhakengrundriss, zwei Kirchenschiffe, die im rechten Winkel zueinander stehen, macht sie zu einem der wichtigen Kulturdenkmäler der Region (Friedhofstraße). Das € € € € **Restaurant Neubad** (Neubadrain 4, www.gasthofneubad.ch) bewirtet die Gäste in einem ehemaligen Bad aus dem 18. Jh.

AKTIVITÄT

Südl. liegt Flüh, Ausgangspunkt für Wanderungen auf den **Blauen** (887 m).

UMGEBUNG

Dornach ist als Sitz der Anthroposophischen Gesellschaft weltbekannt. Nachdem der erste, hölzerne Bau des Goetheanums 1923 durch Brandstiftung zerstört worden war, wurde bis 1928 der monumentale, dem Jugendstil verpflichtete und rechte Winkel vermeidende Bau aus dem damals neuen Sichtbeton errichtet. Der große Saal bietet Konzerten, Theater- und Eurythmie-Veranstaltungen eine Bühne; bekannt sind die regelmäßigen Aufführungen von Goethes „Faust" (www.goetheanum.org).

Tipp

Umwelt- freundlich reisen

Umweltfreundlich reisen in drei Ländern mit einem Fahrschein: Das Ticket TriRegio macht es möglich. Die kleine Variante gilt im Elsass von Basel aus gesehen bis über den EuroAirport südlich von Mulhouse hinaus, südlich von Basel bis Dornach und in Deutschland im Landkreis Lörrach. Die große Variante reicht vom Feldberg bis weit in die Nordwestschweiz und im Elsass bis Mulhouse. Das TriRegio-Ticket ist eine Tageskarte, die für einen Erwachsenen und zwei Kinder unter 14 Jahren gilt und an allen Fahrkartenverkaufsstellen im Tarifgebiet erhältlich ist.

www.triregio.info
Fahrplanauskunft: www.efa-bw.de
Regio Verkehrsverbund Lörrach,
Luisenstraße 16, D-79539 Lörrach,
Tel. 07621/41 54 60; www.rvl-online.de
TNW Tarifverbund Nordwestschweiz,
Stänzlergasse 3, CH-4051 Basel
www.tnw.ch

Drei-Länder-Tour am Rhein

Der Südschwarzwald-Radweg ist etwas für Genießer. Ohne wesentliche Anstiege führt er von Hinterzarten aus rund um den Naturpark Südschwarzwald. Der Abschnitt von Basel nach Freiburg verbindet die drei Länder der Regio und führt die Radler zu kulturellen Höhepunkten und typischen Landschaften.

Wenn Sie die Museumslandschaft in Basel erobert haben, ist es Zeit, aufs Rad zu steigen. Werfen Sie von der Pfalz hinter dem Münster nochmals einen Blick auf den Rhein und Kleinbasel und machen Sie sich dann auf den (Rad-)Weg Richtung Universität und Hunnigue. Bald werden Sie die Grenze nach Frankreich überqueren.

Im Zentrum von Hunnigue lässt sich das französische Lebensgefühl bei einem Café au lait und frischen Croissants genießen. So gestärkt geht's auf die „Passerelle des Trois Pays", die mit einer Stützweite von 230 Metern als längste frei tragende Radfahrer- und Fußgängerbrücke der Welt gilt. Die Dreiländerbrücke führt nach Weil am Rhein. Riesige Stühle laden zu einem Abstecher zum Vitra-Gelände ein. Bald teilt sich der Rhein in den Grand Canal d'Alsace und den schon lange begradigten Fluss auf. Die Radler strampeln rechtsrheinisch Richtung Norden nach Bad Bellingen. Ab Neuenburg geht es weg vom Rhein hinein ins schöne Markgräflerland. Reben und Berge säumen den Weg nach Freiburg, wo Sie das nächste Münster erwartet.

Weitere Informationen

Allgemeines: Der Südschwarzwald-Radweg durchquert drei Länder, vier Landkreise und 56 Gemeinden.
Tourinformationen: Der Abschnitt von Basel nach Bad Bellingen umfasst 27,5 km. Von Bad Bellingen bis Bad Krozingen sind 31 km zu bewältigen und bis Freiburg weitere 16 km. In der Reihe *bikeline Radtourenbücher* ist eine Ausgabe mit ausführlicher Beschreibung der Strecke, Übernachtungshinweisen und schönen Abstechervorschlägen erschienen (Verlag Esterbauer, www.esterbauer.com). Infos auch unter www.naturpark -suedschwarzwald.de.

Ausgangs- oder Endpunkt der Tour ist Freiburg – im Bild Radler auf der Wiwilíbrücke vor der Herz-Jesu-Kirche.

In der Konviktstraße: Freiburger Lebensart;
„Inselhopf" von Feierling in der Gerberau;
Weinbauterrassen am Kaiserstuhl

Service

Attraktionen und Ansprechpartner, Unterkünfte
und Restaurants ... die folgenden Seiten bieten
eine Übersicht nützlicher Reiseinfos.

Anreise

Mit dem Auto: Von Norden über die Autobahn A 5. „Riegel" führt die erste Abfahrt in Richtung Kaiserstuhl. Für einen Besuch Freiburgs nimmt man am besten die Abfahrt „Freiburg-Mitte". Um nach Breisach oder ins Markgräflerland zu kommen, ist die Abfahrt „Bad Krozingen" geeignet – das ist auch eine günstige Abfahrt nach Colmar. Weiter südlich hat Mulhouse eine ausgeschilderte Abfahrt, ebenso Weil am Rhein. Dann führt die A 5 direkt auf Basel zu.
Mit dem Zug: Die Regio ist über die Rheintalschiene via Bahn gut zu erreichen. Richtung Basel fahren sowohl ICE als auch IC, die auch in Freiburg halten.
Mit dem Flugzeug: Der EuroAirport Basel-Mulhouse-Freiburg wird täglich von mehreren Fluggesellschaften angeflogen.

Auskunft

Schweiz: Basel Tourismus, Aeschenvorstadt 36, CH-4010 Basel, Tel. 0041 (0)61 268 68 68, www.basel.com;
Baselland Tourismus, Altmarkstrasse 96, CH-4410 Liestal, Tel. 0041 (0)61 927 65 44, www.baselland-tourismus.ch
Elsass: Comité Régional du Tourisme d'Alsace, 20A, Rue Berthe Molly, F-68000 Colmar, Tel. 0033 (0)389 24 73 50, www.tourisme-alsace.com
Deutschland: Tourist-Information Freiburg, Rathausplatz 2–4, D-79098 Freiburg, Tel. 0761/3 88 18 80, www.visit.freiburg.de; Tourismusbüro Naturgarten Kaiserstuhl, Marktplatz 16, D-79206 Breisach, Tel. 07667/94 26 73,

www.naturgarten-kaiserstuhl.de; Werbegemeinschaft Markgräflerland, Bismarckstraße 3, D-79379 Müllheim, Tel. 07631/80 15 00, www.markgraefler-land.com; Ferienregion Münstertal Staufen, Wasen 47, D-79244 Münstertal, Tel. 07636/7 07 30, www.muenstertal-staufen.de; Südwärts Tourist Information, Hauptstraße 23, D-79650 Schopfheim, Tel. 07622/39 61 45, www.suedwaerts.com

Auto

Schweiz: Die Autobahnen sind mautpflichtig. Da man um Basel herum sehr schnell auf der Autobahn landen kann, wenn man nicht genau aufpasst, empfiehlt es sich, für entspanntes Reisen eine Autobahnvignette zu kaufen. Diese gilt 14 Monate – vom 1. Dez. bis 31. Jan. des übernächsten Jahres. Sie kostet 40 Schweizer Franken bzw. 38,50 Euro. Man erhält sie bei Automobilclubs, in Grenznähe auch an Tankstellen. Über das Internet kann man die Vignette bei der Deutschen Post (www.efiliale.de) kaufen. Auf Autobahnen darf maximal 120 km/h gefahren werden, auf Landstraßen 80 km/h und in geschlossenen Ortschaften 50 km/h. Die Strafen für zu schnelles Fahren sind in der Schweiz sehr hoch und werden auch über die Grenze hinaus verfolgt. Darüber hinaus gelten Gurtpflicht, Handyverbot am Steuer und eine Blutalkoholgrenze von maximal 0,5 Promille.
Frankreich: Die Autobahnen im südlichen Elsass sind mautfrei. Die zulässige Höchstgeschwindigkeit auf französischen Autobahnen beträgt 130 km/h, auf Landstraßen 90 km/h und in Orten 50 km/h. Auch hier wird zu

schnelles Fahren teuer geahndet. Die erlaubte Blutalkoholgrenze liegt bei 0,5 Promille, und Fahren unter Alkoholeinfluss kann sehr teuer werden. Benzinpreise sind lokal sehr unterschiedlich. Am günstigsten sind in der Regel die Tankstellen an großen Supermärkten – sie sind manchmal mehr als 10 Cents pro Liter billiger als andere Tankstellen.

Bahn und Bus

In der Regio setzt man stark auf den öffentlichen Nahverkehr. Von Freiburg nach Basel braucht man mit dem ICE eine gute halbe Stunde, mit der Regionalbahn eine knappe Stunde. Mit dem Ticket TriRegio, einer Tageskarte, die 24 Stunden für einen Erwachsenen und zwei Kinder unter 14 Jahren gilt, kann man im südlichen Teil der Regio gut unterwegs sein (www.triregio.info, Regio Verkehrsverbund Lörrach, www.rvl-online.de). Die Freiburger Verkehrsgesellschaft bietet ebenfalls eine 24-Stunden-Karte für die Region an (www.vag-freiburg.de).
Das Elsass verfügt mit 161 von Regionalexpresszügen angefahrenen Bahnhöfen über ein sehr dicht ausgebautes Eisenbahnnetz. Darüber hinaus gibt es Autobuslinien des SNCF, deren Abfahrtszeiten sich an den Fahrplänen der Züge orientieren (www.vialsace.eu/de). Fernbuslinien gibt es nach Freiburg, Basel und Weil am Rhein.

Urlaubsvergnügen Rhein-schifffahrt – hier vor dem Münsterberg von Breisach

Essen und Trinken

Wer gutes Essen schätzt, ist in der Regio genau richtig. Von einfachen Alltagsgerichten, wie sie in Straußwirtschaften angeboten werden, bis zur Sterneküche ist alles vertreten.

Die **Schweiz** steht bei den meisten Touristen für Käse und Schokolade – zu Recht. Beides bekommt man bei den Eidgenossen in außergewöhnlich guter Qualität. In Basel sind die Leckerli, eine Lebkuchenart, eine Spezialität. Das bekannteste herzhafte Gericht der Schweiz sind Rösti, in der Regel „Rööschti" gesprochen, die es als Beilage zu Gschnetzeltem (meist Kalbfleisch), zu Bratwurst oder zu Spiegeleiern gibt. Für ein kleines Mittagessen werden die geriebenen, knusprig braun gebratenen Kartoffeln auch mit Salat oder nur mit Sauerrahm serviert. Häufig findet man zu den entsprechenden Jahreszeiten Wildgerichte auf den Speisekarten, sei es als Kaninchen-, Hirsch-, Reh-, Wildschwein- oder auch Gamsbraten.

Wildgerichte sind auch eine Spezialität der Restaurants in **Baden**, wo gebratene Kartoffeln nicht als Rösti, sondern als Brägele serviert werden – zum Schnitzel, zum Wurstsalat, zur Bratwurst oder zu sauren Nierle. Brägele kann man schlicht mit Bratkartoffeln übersetzen, doch besitzen Brägele meist einen viel feineren Geschmack. Innereien werden übrigens nicht nur als saure Nierle angeboten, sondern auch als Leberle sauer, geschnetzelt oder geröstet oder als Kalbsbries. Noch lauwarmer Kartoffelsalat ist eine weitere typisch badische Beilage zu verschiedenen Gerichten. Spargel wird im Rheintal beiderseits der Grenze angebaut (siehe S. 64). Auf die Spargelsaison stellen sich die Restaurants besonders stark ein. Manchmal servieren die Wirte eine frische Forelle aus dem Schwarzwald zum Kartoffelsalat, dann in der Variante „Müllerin", also in

Mehl gewälzt und im Fett ausgebacken. Oder sie bieten Fleischküchle an, die sich andernorts Frikadellen nennen.

Die badische Tradition des Vesperns pflegen vor allem die Landgasthöfe und Straußwirtschaften. Vesperteller mit Blut- und Leberwurst, Salami, Schwartenmagen, Speck, einem Stück Käse, Butter, einer Gewürzgurke und häufig einem kleinen Schnaps sehen oft so aus, als sollten ganze Familien davon satt werden. Das Beste am Vesperteller ist für manche das frische Bauernbrot, das dazu gereicht wird. So viele Brotsorten wie in Baden gibt es zwar im **Elsass** nicht, obwohl die Bäckereien zwischenzeitlich schon deutlich mehr Sorten als nur Baguette anbieten – eine Überschaubarkeit des Angebots, das sie durch eine Vielzahl köstlicher Kuchen ausgleichen. Im Elsass gibt

es so gut wie alle französischen Käsesorten, Ziegen- und Munsterkäse sind aber besonders zu empfehlen. Im Munstertal kann man regelrechte Käsetouren durch die Gasthäuser machen. In den Fermen, den bewirtschafteten Bergbauernhöfen, bekommt man Käseteller und andere Spezialitäten wie beispielsweise grünen Salat mit gratiniertem Ziegenkäse. Was in fast allen Restaurants und Weinstuben auf der Speisekarte steht, ist die Tarte flambée, der Flammkuchen, ein dünn ausgerollter Brotteig, belegt mit Crème fraiche oder Quark, Speck und Zwiebeln. Es gibt viele Varianten bis hin zum süßen Flammkuchen mit Äpfeln. Ursprünglich nutzten die Bäcker die Anheizzeit des Ofens, um die Tarte flambée zu backen. Ein anderes Gericht, der Baeckeofen, wurde früher ebenfalls im Brotbackofen gegart. Man sagt, dass die Hausfrauen am Sonntagabend die Fleischreste vom Wochenende zusammen mit Kartoffeln und Gemüse und viel Riesling in eine ovale Tonform mit Deckel gegeben haben, die der Bäcker dann am Montagmorgen mit einer Teigrolle fest verschlossen hat und danach im Backofen mehrere Stunden garte. Während dieser Zeit wuschen die Frauen die Wäsche, und dennoch stand rechtzeitig ein leckeres Mittagessen auf dem Tisch. Sauerkraut ist auch so ein Essen, das besonders gut schmeckt, wenn es langsam gegart wird. Das Choucroute garni, das mit Speck, Würstchen und Fleisch belegt ist, ist sicherlich etwas für den großen Hunger. Riesling schadet dem Kraut nie, sagen sich die Elsässer – und nicht nur dem Kraut.

Info

Preiskategorien

€ € € €	Hauptspeisen	über 25	€
€ € €	Hauptspeisen	15 – 25	€
€ €	Hauptspeisen	10 – 15	€
€	Hauptspeisen	bis 10	€

Daten & Fakten

Landesnatur und Klima: Der Oberrheingraben gilt als eines der klimatisch am meisten begünstigten Gebiete in Deutschland. Hier sind die Winter am mildesten und die Sommer am wärmsten. Die Entstehung des Oberrheingrabens, Teil eines Grabensystems zwischen Nordsee und Mittelmeer, begann vor ca. 35 Mio. Jahren. Ursache waren Zugspannungen in der Erdkruste und im Erdmantel, die dazu führten, dass die Erdkruste an dieser Stelle immer dünner wurde. Als Folge der Ausdünnung senkte sich die Erdoberfläche in der Grabenzone ab, der Schwarzwald, die Vogesen, Kaiserstuhl und Tuniberg wurden hochgehoben. Der einst tiefe Graben füllte sich im Lauf der Jahrmillionen, die entstandenen Höhen wurden durch Erosion abgetragen. Es blieben als höchste Berge Grand Ballon (1424 m), Belchen (1415 m), Schauinsland (1264 m), Blauen (1166 m) und Petit Ballon (1163 m). Die größten Städte sind Basel, Mulhouse, Colmar und Freiburg.

Wirtschaft: 2,3 Mio. Menschen bewohnen die Regio. Ausgeprägt zeigt sich der industrielle Bereich mit den Schwerpunkten Chemie, Maschinen-, Apparate- und Fahrzeug-

bau sowie Elektronik. Wenn auch Landwirtschaft im Allgemeinen in der ganzen Region beschäftigungspolitisch immer unbedeutender wird, ist der Weinbau samt den damit verbundenen Wirtschaftsbereichen ein – besonders in Baden und im Elsass – unverändert bedeutsamer Wirtschaftsfaktor. Dennoch: Die Bruttowertschöpfung in Höhe von rund 65 Mrd. Euro wird zu 63 % im Bereich der Dienstleistungen erbracht.

Sprache: Deutsch ist Muttersprache der Badener und Baseler, Französisch Hauptsprache im Elsass. In der gesamten Regio spricht man Dialekte, die sich sehr ähnlich sind und aus dem Alemannischen kommen.

Staatsform: Deutschland ist ein demokratisch-parlamentarischer Bundesstaat mit 16 Ländern; Südbaden gehört zum Bundesland Baden-Württemberg. Die Schweiz ist ein parlamentarisch-demokratischer Bundesstaat mit 26 Kantonen; Basel-Stadt und Basel-Land bilden eigene Kantone. Frankreich ist eine präsidiale demokratische Republik mit 18 Regionen, untergliedert in 96 Départements; das südliche Elsass bildet das Département Haut-Rhin (Hochrhein).

Seit alters her wird in der Region Hochprozentiges gebrannt.
Zolltechnisch unverfänglich sind die Basler Leckerli.

Sommerszene im Dreiländereck

Im Elsass wird viel mit Riesling gekocht, zum Beispiel auch Coq au vin, ein Huhn in einer weinig-sahnigen Soße, oder Truite au Riesling, Forelle in Weißweinsoße. Die Tourte au Riesling ist eine runde Fleischpastete im Teigmantel, die wie ein Kuchen aufgeschnitten wird. Als Vorspeise stehen neben Salaten und Pasteten nach wie vor auch Schnecken auf der Karte, meist mit einer Knoblauch-Kräuterbutter übergossen. Sind die Schnecken noch in ihrem Häuschen, bekommt man eine spezielle Zange und eine kleine Gabel, um sie herauszuholen. Dafür braucht man allerdings etwas Übung.

Alle drei Regionen haben besondere und typische **Weine**. Im Elsass sind dies vor allem der Pinot Noir und der Riesling. Eine Rebenspezialität des Markgräflerlandes ist der Gutedel. Das ist kein großer, aber ein ehrlicher, bodenständiger Wein. Als Tafeltraube mit großen Beeren bekommt man weißen und roten Gutedel fast überall, gekeltert wird er aber nur in der Westschweiz, ein wenig im Elsass, wo er wie in der Schweiz Chasselas genannt wird, und eben im Markgräflerland. Markgraf Karl

Info

Geschichte

Ab 1000 v. Chr.: Kelten siedeln als erstes historisch bestimmbares Volk im südlichen Schwarzwald, am Rheinknie und links des Rheins.

58 v. Chr.: Cäsar siegt über die germanischen Volksstämme. Die Römer beherrschen das Land bis ins 5. Jh. als Provinz „Germania superior". 44 v. Chr. gründen die Römer Augusta Raurica. An den Rändern des südlichen Schwarzwaldes entstehen römische Gutshöfe und aufwändige Thermen.

496: Frankenkönig Chlodwig besiegt die Alemannen im späteren Elsass, das damit Teil des Fränkischen Reiches wird.

8.–10. Jh.: Im Zuge der Christianisierung entstehen mehrere Klöster: St. Trudpert im Münstertal, St. Blasien, St. Odilien im Elsass. Basel wird 740 Bischofsstadt.

842/843: Die Enkel Karls des Großen teilen das Reich auf. Der eine schreibt in altfränkischer Sprache, der andere in altdeutscher – das Elsass ist erstmals zweisprachig. 925 wird das Elsass Teil des Herzogtums Schwaben und später an die Staufer verliehen.

1000: Basel wird freie Reichsstadt, 1019 beginnt dort der Münsterbau (1500 vollendet).

11.–14. Jh.: Die Zähringer mehren ihren Einfluss in Süddeutschland und gründen u. a. Freiburg. 1200 beginnt der Bau des Freiburger Münsters. Der Erzbergbau beschert der Region Wohlstand. Nach dem Aussterben der Zähringer und Staufer weiten die Habsburger ihren Machtbereich deutlich aus. Der Breisgau wird österreichisch. Die von den Habsburgern belehnten Markgrafen von Baden herrschen in den Räumen Badenweiler und Lörrach.

1226: Bischof Heinrich von Thun lässt in Basel die erste Rheinbrücke erbauen. Kleinbasel wird gegründet, um die Brücke zu sichern. Colmar wird erstmals als eigenständige Stadt erwähnt.

1354: Colmar beteiligt sich am Bund der zehn Reichsstädte, um sich besser verteidigen zu können.

1356: Ein Erdbeben zerstört große Teile Basels.

1457: Gründung der Universität Freiburg.

1457: In Basel wird die erste Universität der Schweiz eröffnet.

1471: Basel erhält das Messeprivileg.

1501: Basel tritt der Eidgenossenschaft bei.

16. Jh.: Bauernkriege wüten überall. Die Reformation spaltet die Region.

1618–1648: Der Dreißigjährige Krieg stürzt die Region in eine schlimme Krise. Am Ende wird die Unabhängigkeit der Eidgenossen vom Deutschen Reich anerkannt, und Frankreich hat sich große linksrheinische Besitzungen angeeignet. Unter anderem wird Colmar 1679 Teil des französischen Königreichs.

1789: Die Französische Revolution annulliert die Rechte der deutschen Reichsstände im Elsass. Auch Mülhausen gehört fortan zu Frankreich.

1815: Nach dem Zusammenbruch des Napoleonischen Kaiserreichs spricht der Wiener Kongress der Schweiz „ewige bewaffnete Neutralität" zu.

1817: Oberst Tulla beginnt mit der Begradigung des Oberrheins, Voraussetzung für die Intensivierung des auch grenzüberschreitenden Wirtschaftsverkehrs per Schiff.

1848: Die Deutsche Revolution beginnt in Baden. Die Schweiz wird Bundesstaat.

1855: Die Rheintalbahn zwischen Mannheim und Basel wird fertiggestellt.

1870/1871: Die Franzosen unterliegen im Deutsch-Französischen Krieg. Das Elsass gehört wieder zum Deutschen Reich.

1918/1919: Grenzkontrollen zwischen den Ländern werden eingeführt. Mit dem Vertrag von Versailles wird das Elsass wieder Frankreich zugesprochen.

1939–1945: Deutsche Truppen besetzen 1940 das Elsass.

1945: Die deutsche Annektion des Elsass wird revidiert, Franzosen besetzen Südbaden.

1946: Der Flughafen Basel-Mulhouse wird eröffnet.

1975: Massive grenzübergreifende Proteste in Baden und im Elsass richten sich gegen das geplante Atomkraftwerk Wyhl.

1987: Nach der Einbeziehung Freiburgs nennt sich der gemeinsame Flughafen nun EuroAirport Basel-Mulhouse-Freiburg.

1992: Die Schweiz lehnt den Beitritt zum europäischen Wirtschaftsraum ab, Basel-Stadt stimmt jedoch zu.

1995: Mit der Gründung des Rats der RegioTriRhena wird an uralte wirtschaftliche, kulturelle und geschichtliche Verbindungen in der Region Südbaden, Nordwestschweiz und Oberelsass angeknüpft.

2002: Der Euro wird in Deutschland und Frankreich gesetzliches Zahlungsmittel.

2008: Im Basler St.-Jakobs-Park findet am 7. Juni das Eröffnungsspiel der Fußball-Europameisterschaft 2008 statt.

2017: Im Dezember wird die Basler Fasnacht zum Weltkulturerbe erklärt.

Friedrich von Baden war es, der den Gutedel 1780 aus Vevey am Genfer See mitbrachte und zwischen Freiburg und Basel heimisch machte. Da die Rebe fruchtbare, tiefgründige, aber nicht zu trockene Böden liebt, ist sie in dieser Region auch genau richtig. Winterfrost mag der Gutedel nicht allzu sehr, aber dieser ist im milden Klima des Markgräflerlandes auch kaum zu erwarten.

Die Markgräfler haben für ihren Gutedel ein eigenes Glas entwickelt, ein geschliffenes Becherglas, in dem seine zartgelbe Farbe leuchtet oder beim roten Gutedel der etwas kräftigere Ton. Normalerweise trinkt man daraus ein Viertele, aber vielleicht als Hommage an die Autofahrer gibt es nun auch Achtele-Gläser. Man trinkt den Gutedel bei 12 °C bis 15 °C eigentlich zu jeder Tages- und Nachtzeit, denn er beschwert weder Kopf noch Magen.

Feste und Feiertage

Neujahr (1. Jan.), **Heilige Drei Könige** (6. Jan.; nur Baden), **Karfreitag, Ostermontag, Tag der Arbeit** (1. Mai), **Tag des Sieges** (8. Mai; nur Elsass), **Christi Himmelfahrt, Pfingstmontag** (nur Baden und Schweiz), **Fronleichnam** (nur Baden), **Nationalfeiertag** (14. Juli; Frankreich, 1. Aug.; Schweiz), **Mariä Himmelfahrt** (15. Aug.; nur Elsass und Schweiz), **Tag der Deutschen Einheit** (3. Okt.; Deutschland), **Allerheiligen** (1. Nov.; nur Elsass und Baden), **Gedenken an den Ersten Weltkrieg** (11. Nov.; nur Elsass), **Weihnachten** (25. und 26. Dez.).

Geld

Offizielles Zahlungsmittel in der **Schweiz** ist seit 1850 der Schweizer Franken (CHF), unterteilt in 100 Rappen. Anfang 2015 hob die Schweizerische Nationalbank den seit 2011 geltenden Mindestkurs von 1,20 Franken pro Euro auf. Seither ist der Wert des Euro gegenüber dem Franken erheblich gefallen.

Man kann wie in Deutschland und Frankreich auch mit Euro bezahlen, jedoch nur in Scheinen, und man bekommt Franken zurück. Außerdem ist der Wechselkurs nicht immer eindeutig. Deshalb ist es ratsam, Franken für Einkäufe und Restaurantbesuche mitzuführen.

Öffnungszeiten

Schweiz: Die Geschäfte in Basel sind in der Regel Mo.–Fr. 9.00–18.30 geöffnet, Do., Fr. und Sa. 9.00–20.00 Uhr. In großen Supermärkten kann man meist bis 22.00 Uhr einkaufen, in den Bahnhöfen auch So. Die Post im Stadtzentrum (Rüdengasse 1) ist Mo.–Fr. 9.00–18.30 geöffnet, Sa. 9.00–17.00 Uhr. Kleinere Postfilialen machen in der Regel eine Mittagspause. In den Bahnhöfen kann man gegen Gebühr auch So. Post versenden. Die Öffnungszeiten der Banken sind Mo.–Fr. 8.30–16.30 in Basel-Stadt,

Mo–Fr. 8.30–12.00 und 14.00–16.30/17.30 Uhr in ländlichen Gemeinden.

Elsass: Die Geschäfte haben in der Regel Mo. bis Sa. 9.00–12.00 und 15.00–19.00 Uhr geöffnet, Kaufhäuser meist durchgängig, die großen Supermärkte an den Ortsrändern (Hypermarchés) meist bis 22.00 Uhr. Banken sind Mo.–Fr. 9.00–12.00 und 14.00–16.00 Uhr dienstbereit. Viele Banken haben auch am Samstagvormittag offen, dafür dann aber Mo. geschlossen. Die städtischen Postämter (bureaux de poste) sind meist Mo.–Fr. 9.00–19.00 und Sa. 9.00 bis 12.00 Uhr geöffnet. In den Dörfern gelten kürzere Öffnungszeiten mit einer Mittagspause.

Baden: In Baden-Württemberg ist Geschäften freigestellt, wie lange sie geöffnet haben wollen. So öffnen in den Städten manche Geschäfte erst um 10.00 und haben bis 20.00 Uhr geöffnet, vor dem Wochenende manchmal sogar bis 22.00 Uhr. In ländlichen Gegenden gelten noch ganz traditionelle Öffnungszeiten mit einer Mittagspause. Dort schließen auch viele am Mittwochnachmittag. Die Freiburger Hauptpost in der Eisenbahnstraße hat Mo.–Fr. 8.30–18.30 geöffnet, Sa. 9.00–14.00 Uhr. Kleinere Postämter machen eine Mittagspause, oft 12.00–14.30 Uhr und haben in der Regel auch nicht so lange offen. Auch die Banken im ländlichen Bereich machen meist eine Mittagspause. Und auch sie nutzen die Möglichkeit, individuelle Öffnungszeiten anzubieten.

Reisedokumente

Bürger der Europäischen Union benötigen für die Einreise ins Elsass und in die Schweiz nur den Personalausweis und ggf. den Führerschein. Wer kein EU-Kennzeichen am Fahrzeug hat, muss eine ovale Länderplakette am Auto anbringen.

Restaurants

Die gesamte Regio ist eine Hochburg guter und sehr guter Restaurants und Gasthöfe. Eine kleine Auswahl wird auf den einzelnen Infoseiten vorgestellt.

Schifffahrten

Hochrheinfahrten nach Kaiseraugst und Rheinfelden sowie Rundfahrten im Baseler Hafen bietet die Basler Personenschifffahrt (Westquaistrasse 62, CH-4057 Basel, Tel. 0041 (0)616 39 95 00, www.bpg.ch). Der Oberrhein sowie die Kanäle bis nach Colmar sind das Revier der BFS Breisacher Fahrgast-Schiffahrt GmbH (Rheinuferstraße, Schiffsanlegestelle Brücke 2 der BFS, D-79206 Breisach/ Rhein, Tel. 07667/94 20 10, www.bfs-info.de).

Frischer geht es nicht: Viele Erzeuger bieten ihre frischen Waren zur Erntezeit am Straßenrand feil.

Telefon und Notrufe

Ländervorwahlen: Deutschland 0049, Frankreich 0033, Schweiz 0041. Bei Telefonaten ins Ausland entfällt die Null der Ortsvorwahl. Bei innerschweizerischen Gesprächen muss man die Ortsvorwahl immer mitwählen, auch wenn man vor Ort ist. Auch in Frankreich sind alle zehn Ziffern zu wählen.
Euronotruf: 112
Notruf Polizei: Deutschland 110, Frankreich 17, Schweiz 117
Feuerwehr: Deutschland 112, Frankreich 18, Schweiz 118
Krankenwagen: Deutschland 112, Frankreich 15, Schweiz 144

Unterkunft

Hotels: In der gesamten Region gibt es eine Vielzahl guter und sehr guter Hotels, Gasthöfe und Pensionen. Auf den Infoseiten werden einige von ihnen vorgestellt. Viele Hotels bieten spezielle Arrangements und Sonderkonditionen zu bestimmten Zeiten. Vor allem in der

Preiskategorien

€ € € €	Doppelzimmer	über 200 €
€ € €	Doppelzimmer	150 – 200 €
€ €	Doppelzimmer	100 – 150 €
€	Doppelzimmer	50 – 100 €

Vor- und Nebensaison variieren die Preise teils beträchtlich. Nachfragen lohnt also.
Jugendherbergen: Jugendherberge St. Alban in **Basel** (Kirchrain 10, CH-4052 Basel, Tel. 0041 (0)61 272 05 72, www.youthhostel.ch/basel), Jugendherberge **Breisach** (Rheinuferstraße 12, 79206 Breisach, Tel. 07667/76 65, www.breisach.jugendherberge-bw.de), Auberge de jeunesse de **Colmar** (2, Rue Pasteur, F-68000 Colmar, Tel. 0033 (0)389 80 57 39, www.tourisme-colmar.com), Jugendherberge **Freiburg** (Kartäuserstraße 151, 79104 Freiburg, Tel. 0761/6 76 56, www.freiburg.jugendherberge-bw.de), Jugendherberge **Lörrach** (Steinenweg 40, 79540 Lörrach, Tel. 07621/4 70 40, www.loerrach.jugendherberge-bw.de), Auberge de jeunesse de **Mulhouse** (37, Rue de l'Illberg, F-68200 Mulhouse, Tel. 0033 (0)389 56 23 62, www.tourisme-alsace.com/de/jugendherbergen).

Zoll

Zwischen **Frankreich** und **Deutschland** gibt es bei sogenannten haushaltsüblichen Mengen keine Beschränkungen. **Aus der Schweiz** dürfen Personen ab 17 Jahren folgende Mengen nach Deutschland einführen: 200 Zigaretten oder 100 Zigarillos oder 50 Zigarren oder 250 Gramm Tabak, einen Liter Spirituosen mit einem Alkoholgehalt von mehr als 22 % Vol. und zwei Liter mit einem Alkoholgehalt von 22 % Vol. oder weniger und vier Liter nicht schäumender Weine. Andere Waren dürfen bis zu einem Wert von insgesamt 300 Euro mitgebracht werden. **In die Schweiz** dürfen Personen ab 17 Jahren folgende Mengen einführen: Alkoholische Getränke von 18 % Vol. fünf Liter und über 18 % Vol. einen Liter, 250 Zigaretten oder Zigarren oder 250 Gramm Rauchtabak.
Internet: www.zoll.de

Register

Impressum

4. Auflage 2018
© DuMont Reiseverlag, Ostfildern

Verlag: DuMont Reiseverlag, Postfach 3151, 73751 Ostfildern, Tel. 0711/450 20,
Fax 0711/45 02 135, www.dumontreise.de
Geschäftsführer: Dr. Thomas Brinkmann, Dr. Stephanie Mair-Huydts
Programmleitung: Birgit Borowski
Redaktion: Achim Bourmer, Berlin
Text: Cornelia Tomaschko, Ettlingen
Exklusiv-Fotografie: Ralf Freyer, Freiburg
Titelbild: Lookphotos/Travel Collection
Zusätzliches Bildmaterial: S. 4 r. u. Cornelia Tomaschko, 5 mauritius images/
imagebroker/Daniel Schoenenberger, 7 l. o. getty images/Fabrice Coffrini,
r. u. Visum/Sven Picker, 8/9 Glow Images, 10/11 laif/Berthold Steinhilber ©
Succession Picasso/VG Bild-Kunst, Bonn 2018, 14/15 Getty Images/Werner
Dietrich, 16/17 huber-images/R.Schmid, 18/19 Lookphotos/Sabine Lubenow,
20 l. Lindemer Strauß, r. o. mauritius images/Westend61/Dieter Heinemann, r.
u. Weingut Schneider-Pfefferle, 21 o. Esther Schaffner, M. Weingut Schneider-
Pfefferle, u. iStockphoto/palau83, 22/23 laif/Raach; 26/27 huber-images/R.
Schmid, 28/29 o. laif/Tobias Gerber, 34 und 35 Visum/Sven Picker, 36 o. huber-
images/R. Schmid, u. Visum/Sven Picker, 37 mauritius images/Raimund Linke,
39 r. laif/Raach, 41 huber-images/Barbara Hartmann, 42/43 huber-images/
von Dachsberg, 46/47 huber-images/R. Schmid, 51 o. Cornelia Tomaschko, 53
r. o. Lookphotos/Daniel Schoenen, 54 l. DuMont Bildarchiv/Martin Kirchner,
55 DuMont Bildarchiv/Rainer Fieselmann, 58 u. l. DuMont Bildarchiv/Martin
Kirchner, 60 o. Lookphotos/age fotostock, u. DuMont Bildarchiv/Martin Kirchner,
64 Getty Images/foodpix, 65 l. Visum/Sven Picker, 67 mauritius images/
foodcollection, 69 l. DuMont Bildarchiv/Martin Kirchner, r. o. und 71 mauritius
images/age, 72/73 laif/hemis.fr/Sylvain Sonnet, 82 o. iStockphoto/palau83, l.
Schapowalow/Massimo Borchi, M. Rösterei Schwarzwild, r. Bistro Reithalle,
83 o. laif/Markus Kirchgessner, u. l. Nicolas Muguet, u. r. mauritius images/
robertharding/Markus Lange, 87 o. mauritius images/age, 88/89 laif/Sahm, 94/95
laif/Berthold Steinhilber (94 l. o. © VG Bild-Kunst, Bonn 2018), 98 o. Shutterstock/
balabolka, l. mauritius images/imagebroker/Martin Moxter, M. picture-alliance/
Westend61, r. Anja Schlatterer, 99 l. mauritius images/imagebroker/Daniel
Schoenen, r. o. laif/hemis.fr/Denis Bringard, r. M. Lookphotos/Ingolf Pompe, r.
u. laif/Berthold Steinhilber, 101 l. picture-alliance/Arco Images, 102 o. picture-
alliance/Keystone, 103 mauritius images/Flirt, 106 o. getty images/Fabrice
Coffrini, 110 mauritius images/imagebroker/Daniel Schoenenberger, 111 u. Getty
Images/AFP © VG Bild-Kunst, Bonn 2018, 113 l. laif/Frank Siemers, r. u. mauritius
images/cisfo, 114 l. picture-alliance/Keystone, 115 laif/Raach, 116 l. DuMont
Bildarchiv/Rainer Fieselmann, u. mauritius images/Leblond
Grafische Konzeption, Art Direktion, Layout: fpm factor product münchen
Cover Gestaltung: Neue Gestaltung, Berlin
Kartografie: © MAIRDUMONT GmbH & Co. KG, Ostfildern
Kartografie Lawall (Karten für „Unsere Favoriten")
DuMont Bildarchiv: Marco-Polo-Straße 1, 73760 Ostfildern, Tel. 0711/4502-266,
Fax 0711/4502-1006, bildarchiv@mairdumont.com

Anzeigenvermarktung: MAIRDUMONT MEDIA, Tel. 0711 450 20,
Fax 0711 45 02 10 12, media@mairdumont.com, http://media.mairdumont.com
Vertrieb Zeitschriftenhandel: PARTNER Medienservices GmbH, Postfach
810420, 70521 Stuttgart, Tel. 0711 72 52-212, Fax 0711 72 52-320
Vertrieb Abonnement: Leserservice DuMont Bildatlas, Zenit
Pressevertrieb GmbH, Postfach 810640, 70523 Stuttgart,
Tel. 0711 7252-265, Fax 0711 7252-333,
dumontreise@zenit-presse.de
Vertrieb Buchhandel und Einzelhefte: MAIRDUMONT
GmbH & Co. KG, Marco-Polo-Straße 1, 73760 Ostfildern,
Tel. 0711 45 02 0, Fax 0711 45 02 340
Reproduktionen: PPP Pre Print Partner GmbH & Co. KG, Köln
Druck und buchbinderische Verarbeitung:
NEEF + STUMME premium printing GmbH & Co. KG, Wittingen,
Printed in Germany

Teeplantagen in Sri Lankas Hoch-land, so weit das Auge reicht. Die britische Kolonialmacht führte die Nutzpflanze um 1870 ein.

Eine von Berlins Vorzeige-ansichten, der Blick auf Bode-Museum und Fernseh-turm im Hintergrund.

Berlin

Große Kunst
Erwartet Sie in den Berliner Museen, nicht nur in jenen fünf, die auf der Museumsinsel liegen und von der UNESCO zum Welterbe gekürt wurden.

Die Hauptstadt anders erleben
Wie wäre es mit einer Riksha-Tour durch das historische Berlin, mit einer Rundfahrt im Trabi oder mit einer Füh-rung durch die Unterwelt?

Das hippe Berlin
Prenzlauer Berg, Kreuzberg, Friedrichshain und Neukölln, hier trifft sich heute die Szene! Wir verraten Ihnen, welche Clubs und Bars gerade angesagt sind.

Sri Lanka

Tropisches Märchenland
Für eine Reise nach Sri Lanka gibt es gute Gründe: eine traum-hafte Landschaft, üppig grüne Vegetation, herrliche Strände und einzigartige Kunstwerke – lassen Sie sich mit hervorra-genden Bildern einstimmen auf ein ganz besonderes Land.

Das Wissen vom Leben
Ayurveda ist eine 3000 Jahre alte ganzheitliche Heilmethode. Wir stellen Ihnen die wichtigsten Komponenten der Behandlung vor und liefern Ihnen Pro- und Kontra-Argumente für Ayurveda-Kuren.

Der lange Weg zum Frieden
Hintergründe und Fakten zum Bürgerkrieg, der das Land bis 2009 in Atem hielt.

www.dumontreise.de

Lieferbare Ausgaben